飲食店・小売店・コールセンター・
行政窓口必携!

クレーム対応・
カスハラ対策

マニュアル作成のコツ

鈴木タカノリ 著

セルバ出版

はじめに

昨今、カスタマーハラスメント（以下、カスハラ）という言葉が注目を浴びています。東京都を中心に全国の自治体でカスハラ防止のための条例の策定が進み、今後、企業や店舗で対策が義務づけられるようになり、その対応に悩まれる事業者も少なくありません。自治体の動き以上に、メディアの取り上げる「カスハラ事件」はセンセーショナルで、専門家として活動する私自身も発生した事象を見ると驚きを隠せません。ニュースを見るにつけ「本当にこのような酷い行為をしているのか？」と目を疑いたくなります。

カスハラが注目された背景には日本企業を覆う人手不足の荒波があります。特に中小企業に至っては、労働力の確保がままならない。人手不足倒産も増えつつあり、飲食業や小売業もこの影響が直撃しています。

このような状況の中で顧客のカスハラが蔓延し、その状況を放置しておけば、離職率が急増し、その企業・店舗は事業の存続さえもままなりません。そのように考えると、現代のカスハラ対策は事業存続のための極めて重要なリスクマネジメントの1つとも言えるのではないでしょうか。

企業と顧客は対等の関係であるべきです。対等であるからこそ、信頼関係が構築できます。企業が顧客に媚びへつらう関係では、その言葉も行動も本当の意味での信頼に基づくものではなくなります。

この基本原則に立つと、顧客側が一方的に相手の尊厳を傷つけるカスハラ行為は断じて認められるべきではありません。そして、企業もその行為に対して、明確にノーを突きつける姿勢を示すべきなのです。

とはいえ、企業と顧客は切っても切れない関係であることは事実です。企業は顧客がいなければ存続できません。顧客満足度を高めることが、企業の生き残る術であることは間違いありません。

しかし、その考え方を変えていく必要に迫られています。「お客様は神様」と標榜し、顧客獲得合戦に明け暮れた企業にとって、顧客満足度の意味を再度考え直す時期にきているのです。

カスハラ事件の報道を見ると「嫌な時代が来たな」とため息をつきたくなる気持ちは痛いほどわかります。しかし、このカスハラ対策をよりポジティブに捉えることはできないか。カスハラ対策に真摯に向き合うことで、これからの時代の顧客満足のあり方、そして企業自体の存在意義を見つめ直す絶好の機会になるのではないかと考えています。

日本という国は少子高齢化により、中長期的な視点に立てば、顧客が減ることは間違いありません。その上、カスハラ問題が発生し、顧客対応をさらに複雑化します。ネガティブな要素ばかりに思えるでしょうが、逆に高付加価値の提供で高粗利を獲得できるビジネスモデルに大きなチャンスが到来しているともいえます。

そこには新たな顧客満足の概念も、新しい接客対応のスタイルも大きな可能性を秘めているといえるでしょう。カスハラ対策に真摯に向き合いながら、顧客の心をつかむことができる。これこそが、目指すべき姿になります。

企業はカスハラ対策をポジティブに捉え、真剣に取り組むことによって、さらに顧客開拓を拡大し、永続的に繁栄していく礎を築いていくことができると確信しています。しかし、怖いことは、カスハラ対策を進めることで従業員が皆、お客様を「敵」として捉えてしまうことです。そうなると本来の企業活動は終焉を迎えることになってしまいます。「敵」と捉えたお客様に対して、満足度を向上させたり、生涯顧客化という概念は存在しません。

最近のカスハラに関する報道や対策マニュアルを見るにつけ、どうもお客様を「敵」に仕立てあげたいのかと思うことがあります。本来は味方であるはずのお客様を「敵」としてみなし始めるような風潮が蔓延しています。確かに敵になるようなお客様は存在します。悪意しかないカスハラ客は、まさに「敵」であることは間違いありません。

しかし、その割合を冷静に考えると、カスハラのような異常な行動をとるお客様は

1000人のうち1人いるかいないかです。すべてのお客様を敵視するカスハラ対策を進めていくと、1000人のうち1人のために残りの999人を犠牲にすることになります。言うならば、1人の異常者のために999人のお客様に嫌な思いをさせる経営を是とするのか、ということになります。

カスハラ対策を進める際には、冷静にそのことをもう1度、考えてもらいたいと思っています。そして、先にも述べたように、企業はお客様の存在なしでは存続することはできません。自給自足の活動をしていない限り、お客様がいるからこそ企業活動を継続することができるのです。

カスハラ対策は顧客満足度向上の企業姿勢に悪影響を与えるものではありません。良質な顧客との信頼関係をより強固なものにし、大切なスタッフを守り抜くものです。中長期の視点に立って、カスハラ対策と向き合い、自社・自店における顧客との関係性を見つめ直してもらえればと思います。

本書は、ジャイロ総合コンサルティング株式会社・大木ヒロシが上梓した「お客とお店のためのシン・カスハラ対策」(セルバ出版)の続編であり、実践書となります。現在のカスハラ対策は大企業を中心に事例が揃いつつあります。

しかし、中小企業、特に飲食業や小売業など小規模事業者にとってカスハラ対策はまだまだ浸透しているとはいえない状況です。先にも述べたように、カスハラ対策は顧客と接点を持つあらゆる事業者にとって避けては通れないものです。

本書は、中小規模、零細規模の事業者がカスハラ対策の第一歩を踏み出す際に不可欠な「対策マニュアルの作成」と、カスハラへエスカレートさせない「クレーム対応」を中心にまとめています。

第1章では、カスハラの基本知識を学んでいただき、第2章では「対策マニュアルの作成」の基本事項をまとめています。第3〜第6章ではカスハラ発生が多いとされる飲食業、小売業、コールセンター、行政窓口におけるクレームやカスハラの特徴を示しながら対策を講じるための指針を説明しています。

社会の要請で対応に迫られる中小規模以下の企業・店舗のオーナー、経営者、店長、マネージャーといった方々が、カスハラ対策への第一歩を踏み出してもらいたいと思っています。そして、多くの企業・店舗が顧客との関係性を見つめ直し、真の顧客満足度向上にたどり着くためのきっかけとしてもらえれば、幸甚の至りです。

2024年12月

鈴木　タカノリ

飲食店・小売店・コールセンター・行政窓口必携！
クレーム対応・カスハラ対策の作成マニュアル　目次

第2章：カスハラ対策マニュアルを作成

第3章：飲食業向けマニュアルの策定ポイント

第4章：小売業向けマニュアルの策定ポイント

第5章：コールセンター（電話対応）向けマニュアルの策定ポイント

第6章：行政窓口向けマニュアルの策定ポイント

第7章：カスハラフリーな社会の実現に向けて

第1章：カスハラの定義と理解

まず、カスハラの周辺情報を知ることが大切です。

本章では定義や特徴、厚労省や自治体の条例、そして企業側のカスハラ対策の責務と対応義務などをまとめました。

1　カスハラとは何か

カスハラの特徴

カスハラとは、近年社会問題として注目を集めている職場におけるハラスメントの形態の1つです。顧客や取引先などの組織外の人間からスタッフが被った業務の適正な範囲を超えた言動や要求を指します。これは単なるクレームや要望とは異なり、対応したスタッフ自身の尊厳を傷つけたり、心身の健康を害したりする可能性が極めて高い行為です。

カスハラの特徴として、組織外の人間（顧客）が加害者となり、スタッフが直接的な被害者となる点が挙げられます。また、組織にも間接的な被害（セカンドハラスメントのような上司が取り合ってくれないなど）もあり、社員やスタッフでは対応が難しく解決が困難なケースも少なくありません。

行き過ぎた顧客第一主義の象徴である「お客様は神様です」という考え方や、過度な「おもてなし」が加害者の言動を正当化してしまう事象も散見され、特に近年はSNSなど（インターネット上で晒される）を通じて被害が爆発的に拡大する可能性があります。

実際のカスハラは様々な形で発生します。代表的な事例としては、暴言・侮辱、過度な要求・クレーム、威圧的な態度、セクシュアルハラスメント、ストーカー行為などがあります。たとえば、顧客は「こんな程度のこともわからないのか」と大声で怒鳴り、スタッフは罵声をあびる。明らかに過剰な値引きや返品を要求する、スタッフを長時間拘束し説教を続ける、スタッフの身体を触るなどの行為が該当します。

これらの行為は、スタッフの精神的健康を著しく損なう可能性があり、退職・離職を誘発することになります。職場環境全体に悪影響を及ぼすことになるのです。

個別の指針・マニュアルが必要

国としても社会問題化するカスハラに明確な指針を公開しています。厚生労働省は「カスタマーハラスメント企業対策マニュアル」を公表し、現在は主に大手企業が中心となってカスハラ対応の参考としています。現在の多くのカスハラ対策はこのマニュアルがバイブル的な存在になっていると言っても過言ではあません。

しかし、この厚労省マニュアルは、個別の業種・業態にフィットした形ではなく、当然のことながら総花的要素は否めません。企業の形態・規模や商品・サービス特性、販売方法、チャネル特性など様々であり、全てを網羅してマニュアルを作成することが困難なためです。対象の企業・団体にカスハラ対応が必要なことを示す点においては意義のあるものですが、個別の企業・団体においては自らの業務範疇を熟考して、個別の指針やマニュアルを作成しなければ、現場のスタッフは対処できないのが現状です。

2 カスハラの種類と特徴

カスハラの種類

カスハラは、その内容や形態によって様々な種類に分類されます。ここでは、代表的なカスハラの種類とその具体的事例について詳しく見ていきましょう。深刻なカスハラの例を6つあげます。

■「暴言型」

「暴言型」は、顧客がスタッフに対して怒鳴る、罵る、侮辱的な言葉を使うなどの行為を指します。

たとえば、商品の在庫がないことを伝えた際に「この商品がないなんて信じられない。お前の会社はおかしい、潰してやる！」と大声で怒鳴るケースがこれに該当します。

このような行為は、社員やスタッフの自尊心を著しく傷つけ、深刻な精神的ストレスを与える可能性があります。

■「過剰要求型」

「過剰要求型」のカスハラは、顧客が企業のポリシーや法令に反する無理な要求や、過度のサービスを強要するケースを指します。

たとえば、閉店時間を過ぎているにもかかわらず、「客だぞ！開けろ！」と強引に入店を要求したり、明らかに故意に商品を破損させておきながら、「新品と交換しろ」と要求したりするような行為がこれに該当します。

このような行為は、スタッフの業務負担を不当に増加させ、ストレスや疲労を蓄積させる原因となります。

■「威圧型」

顧客が脅迫的な態度や暴力的な振る舞いを示すケースを指します。たとえば、要求が通らないことに腹を立て、「お前の個人情報を特定して、家族にまで危害を加えてやる」と脅迫したり、カウン

〔図表1カスハラの種類〕

カスハラの種別	行為
暴言型	怒鳴る、罵る、侮辱的な言葉を使う
過剰要求型	無理な要求や、過度のサービスを強要する
威圧型	脅迫的な態度や暴力的な振る舞いを示す
セクシュアル型	スタッフに対して性的な言動や不適切な身体接触を行う
ストーカー型	特定のスタッフを執拗に追いかけたり、私生活に干渉したりする
ＳＮＳ炎上型	ＳＮＳなどでスタッフや企業を誹謗中傷する

ターを叩いたり物を投げつけたりするような行為がこれに該当します。

このような行為は、対応するスタッフに強い恐怖心を与え、安全な職場環境を著しく脅かします。

■「セクシュアル型」

顧客がスタッフに対して性的な言動や不適切な身体接触を行うケースを指します。

接客中にスタッフの身体を触ったり、しつこく食事やデートに誘ったり、性的な冗談や下品な言葉を浴びせたりする行為がこれに当たります。

このような行為は、スタッフの尊厳を著しく傷つけ、深刻な精神的苦痛を与えるだけでなく、職場環境全体を悪化させる要因となります。

■「ストーカー型」

「ストーカー型」のカスハラも近年増加傾向にあります。特定のスタッフを執拗に追いかけたり、私生活に干渉したりするケースを指します。

頻繁に来店し、勤務シフトを探ろうとしたり、SNSなどでスタッフを追跡したりする行為を行います。

このような行為は、社員やスタッフのプライバシーを著しく侵害し、日常生活にまで支障をきたす可能性があります。

■「SNS炎上型」

近年特に問題となっているのが「SNS炎上型」のカスハラです。これは、顧客がSNSなどでスタッフや企業を誹謗中傷するケースを指します。

些細なミスや行き違いを大げさに取り上げ、スタッフの実名や顔写真をSNSに投稿し、批判を煽るような行為を繰り返します（図表2参照）。

このような行為はスタッフの名誉を著しく傷つけるだけでなく、企業イメージにも甚大な悪影響を与える可能性があります。

自社の実情に合った対策が不可欠

これらのカスハラは、単独で発生することもありますが、複数の種類が組み合わさって発生することも少なくありません。たとえば、店舗での暴言や威圧的な態度に始まり、その後SNSでの誹謗中傷に発展するというケースもあります。そのため、企業はこれらの多様なカスハラの形態を十分に理解し、それぞれに適切に対応できる体制を整えることが

〔図表２　SNS 炎上型カスハラ〕

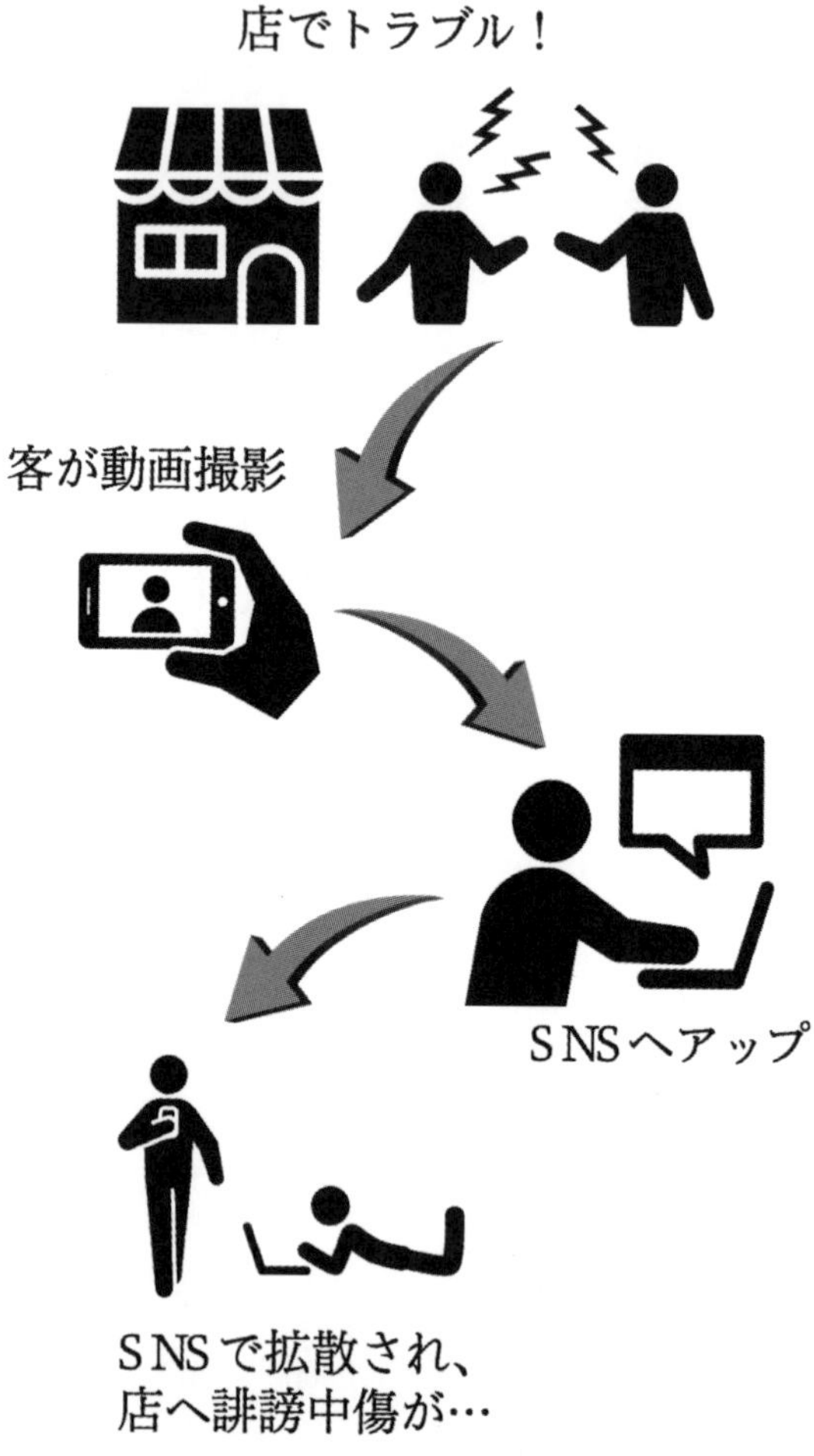

重要です。

また、これらのカスハラは、一見すると単なる「クレーム」や「要望」と見分けがつきにくい場合もあります。いわゆるグレーゾーンといわれるものです。そのため、スタッフが適切に判断し、対応できるよう、具体的な事例を用いた研修やマニュアルの整備が不可欠です。さらに、カスハラが発生した際の報告体制や、スタッフのケアを含めたアフターフォローの仕組みも重要となります。

企業はこのことを踏まえ、自社の業種業態や顧客との接点の特性に応じたカスハラ対策を講じる必要があります。対面での接客が多い小売業と、電話やメールでの対応が中心となるコールセンターでは、起こりやすいカスハラの種類や対応方法が異なります。そのため、一般的なガイドラインを参考にしつつも、自社の実情に合わせた具体的な対策を立案し、実行することが求められるのです。

3　東京都カスタマーハラスメント防止条例の意義

顧客等の言動により従業者の就業環境が害されることと定義

２０２４年10月１日、東京都は全国初となる「カスタマーハラスメント防止条例」が成立し、2025年4月に施行となります（図表3）。この条例の制定は、カスハラ問題に対する社会的認識を高め、具体的な対策を促進する上で極めて重要な意義を持っています。

この条例の最大の意義は『カスハラを法的に定義し、その防止を社会全体の課題として位置づけた』点にあります。条例では、カスハラを「顧客等の言動により従業者の就業環境が害されること」と明確に定義しており、罰則規定はないもののカスハラという問題の存在が法的に認知され、防止に向けた取り組みの基盤がつくられました。

今までは、カスハラは「仕方のない問題」や「接客業の宿命」として見過ごされがちでしたが、この条例によって、明確に対処すべ

〔図表3　東京都カスタマーハラスメント防止条例（要約抜粋）〕

カスタマーハラスメントの禁止

- 何人も、あらゆる場において、カスタマーハラスメントを行ってはならない

事業者の責務：「カスタマーハラスメント」の防止に関する基本理念

- 防止に主体的かつ積極的に取り組み、都の施策に協力する義務
- 就業者がカスハラを受けた場合、速やかに安全を確保し、ハラスメント行為の中止を求めるなどの適切な措置を取る
- 就業者が顧客としてカスハラを行わないよう、必要な対策を講じること

事業者による措置：「カスタマーハラスメント」の防止に関する指針

- 防止のため、必要な体制整備や防止手引の作成など行うよう努める
- 就業者は、事業者が作成したカスタマー・ハラスメント防止の手引を遵守するよう努める

き社会問題として認識されるようになりました。

次に、この条例は事業者の責務を明確化した点で重要です。条例は企業や団体に対し、カスハラ防止のための措置を講じる責務があることを明確に示しています。具体的には、相談体制の整備、スタッフへの研修実施、カスハラ防止方針の明確化と周知、発生時の適切な対応と再発防止策の実施などが求められています。これにより、企業はカスハラ対策を経営上の重要課題として位置づけ、積極的に取り組むことが期待されます。

さらに、この条例の特筆すべき点として、都民の責務についても明記している点が挙げられます。条例は都民に対しても、カスハラを行わないよう努める責務があることを明記されています。これは、カスハラ防止が企業だけの問題ではなく、顧客を含む社会全体で取り組むべき課題であることを示しているといえます。具体的には、スタッフの人格や尊厳を尊重すること、適切な方法で意見や要望を伝えること、カスハラについての理解を深めることなどが求められています。この点は、消費者側の意識改革を促す上で非常に重要な意味を持っています。

相談・支援体制の整備についても踏み込んだ対策を打ち出しています。都は、カスハラに関する相談窓口を設置し、事業者やスタッフに対する支援を行うことを定め、カスハラに関する情報提供、専門家による相談対応、事業者向けの防止対策支援が含まれています。

これにより、特に中小企業など、独自にカスハラ対策を講じることが難しい事業者に対しても、適切な支援が提供されることが期待されます。加えて、条例では都がカスハラ防止に向けた啓発活動を行うことも定められています。ポスターやリーフレットの配布、セミナーや講習会の開催、メディアを通じた広報活動などです。こうした啓発活動により、カスハラに対する社会全体の理解を深め、防止意識の向上が期待されます。

しかし、この条例はあくまでも東京都内に限定されたものであり、全国的な法整備はまだ十分とはいえません。そのため、この条例を先駆的な事例として、他の自治体や国レベルでの法整備が進むことが望まれます。また、条例の実効性を高めるためには、継続的な検証と改善が必要です。

特に、事業者や都民の意識がどの程度変化したか、実際のカスハラ件数がどのように推移したかなど、条例の効果を定期的に評価し、必要に応じて改正を行っていくことが重要でしょう。

なによりも、企業や団体、そして個人が条例の趣旨を十分に理解し、それぞれの立場で具体的な行動を起こすことが不可欠です。企業は、この条例を単なる規制として捉えるのではなく、健全な企業文化を築き、働くスタッフたちの尊厳を守るための重要な指針として活用すべきです。

また、顧客1人ひとりも、自らの言動が他者に与える影響を考え、適切なコミュニケーションを見つめ直す機会とすべきです。

東京都カスタマーハラスメント防止条例は、カスハラ問題に対する社会の認識を大きく変える契機となる重要な法制度です。この条例を足がかりに、カスハラのない健全な社会の実現に向けて、社会全体で取り組みを進めていくことが我々に求められています。

4 厚労省のカスハラに関する見解

企業のカスハラ対策の基本的な方向性を示す

厚生労働省は、職場におけるハラスメント対策の一環として、カスハラについても重要な問題として認識し、その防止と対策に関する見解を示しています。厚労省の見解は、企業のカスハラ対策の基本的な方向性を示すものとして、極めて重要な意味を持っています。

まず、厚労省は事業主の責任について明確な立場を示しています。カスハラも含めた職場のハラスメント全般について、事業主に防止措置を講じる責任があるとしています。

具体的には、ハラスメント防止のための方針の明確化、相談窓口の設置と周知、迅速かつ適切な対応、再発防止措置の実施などが求めています。

これは、カスハラが単に個人間の問題ではなく、職場環境全体に関わる問題であり、組織として対応すべき課題であることを示しています。

特に注目すべきは、２０２０年６月に施行されたパワーハラスメント防止法の指針において、顧客等からの著しい迷惑行為（いわゆるカスハラ）の防止に関する取組についても、事業主が雇用管理上、講ずべき措置に含まれるとしている点です。

これにより、カスハラ対策が法的にも重要な位置づけとなり、企業はより積極的にカスハラ防止に取り組むことが求められるようになりました。

厚労省は、カスハラ対策として具体的にいくつかの措置を推奨しています。まず、相談窓口の設置が挙げられます。スタッフが安心して相談できる体制を整えることで、カスハラの早期発見と適切な対応が可能になります。

次に研修・教育の実施です。カスハラの理解と対応方法を学ぶ機会を提供することで、社員やスタッフの対応力を高め、被害を最小限に抑えることができます。

また、カスハラが発生した際の対応マニュアル（図表４）の整備も重要視しています。統一した対応を可能にすることで、個々のスタッフの判断に頼るのではなく、組織として一貫した対応が可能になります。併せて、顧客に対する啓発活動も推奨しています。適切な行動を促す掲示やアナウンスを行うことで、カスハラの予防につながることが期待されるからです。

さらに、カスハラによるスタッフのメンタルヘルス悪化を防ぐため、適切なケア体制の整備も求めています。具体的には、定期的なストレスチェックの実施、産業医や専門家との連携、心理的ケアを含む休養制度の整備などが挙げられます。

これらの措置は、カスハラによるスタッフへの影響を最小限に抑え、健全な職場環境を維持する上で重要な役割を果たすものです。

自社に合ったマニュアル作成が不可欠

しかし、ここで重要なのは、厚労省の示すガイドラインや事例は、あくまでも一般的な指針であり、すべての企業にそのまま

〔図表４　カスハラを想定した事前の準備〕

1．事業者の基本方針・基本姿勢の明確化、従業員への周知・啓蒙
＊組織のトップが、カスタマーハラスメント対策への取組の基本方針・基本姿勢を明確に示す。
＊カスタマーハラスメントから、組織として従業員を守るという基本方針・基本姿勢、従業員のチャイ王の在り方を従業員に周知・啓発し、教育する。

2．従業員（被害者）のための相談体制の整備
＊カスタマーハラスメントを受けた従業員が相談できるよう相談対象者を決めておく、また相談窓口を設置し、従業員に広く周知する。
＊相談対応者が相談の内容や状況に応じ適切に対応できるようにする。

3．対応方法、手順の策定
＊カスタマーハラスメント行為への対応体制、方法等をあらかじめ決めておく。

4．社内対応ルールの従業員等への教育・研修
＊顧客等からの迷惑行為、悪質クレームへの社内における具体的な対応について、従業員を教育する。

（厚生労働省「カスタマーハラスメント対策企業マニュアル」より抜粋

適用できるわけではないという点です。先述の通り、厚労省のマニュアル（「カスタマーハラスメント企業対策マニュアル」）は個別の業種・業態にフィットしたものではありません。企業の形態・規模や商品・サービス特性、販売方法、チャネル特性などは様々であり、個別に網羅したマニュアルを作成することが困難なためです。

各企業は厚労省の指針を参考にしつつも、自社の特性や実情に合わせた独自のカスハラ対策を講じることになります。企業の業種業態によりカスハラの種類や対応方法が異なります。

また、大企業と中小企業では、利用可能なリソースや組織体制が異なるため、実行可能な対策も自ずと違ってきます。

つまり、厚労省の指針を基本としつつ、自社の業態、規模、顧客との接点の特性などを十分に考慮した上で、具体的なカスハラ対策マニュアルを策定することが必要です。その際、現場のスタッフの意見を積極的に取り入れ、実際に起こっているカスハラの実態や、対応する上での課題を把握することも必要になるでしょう。

また、定期的に対策の効果を検証し、必要に応じて見直しを行うなど、継続的な改善努力も求められます。

５ 正当なクレームと悪質なクレーム（カスハラ）の違い

カスハラ対策を考える上で、正当なクレームと悪質なクレーム（カスハラ）を区別することは非常に重要です。両者の違いを正確に理解し、適切に対応することはカスハラ対策において重要な要素となります。

まず、正当なクレームの特徴について考えてみましょう。正当なクレームは、具体的な問題や要望が明確であり、冷静かつ理性的な態度で伝えられます。その内容は、解決策や改善を求める建設的なものであり、企業やスタッフの対応によって解決が可能です。たとえば、商品の不良や、サービスの不備に対する指摘、改善要望などがこれに該当します。

この場合の対応としては、図表５のようなステップが効果的です。

カスハラ対策を講じる上で企業側が前提にしておかなければならないのは「クレームは合理的かつ正当なお客としての権利行使」であるということです。企業としてもクレームは自分たちでは見えにくい気づきを与えてくれるもの。真摯で誠実な対応を心がけることで企業力を飛躍的に高めることができるはずです。クレームから生涯顧客を獲得する可能性すらあるのです。

しかし、このクレーム対応を間違えると、たちまち事態が悪化します。図表5で示したように、「傾聴」→「共感」→「説明」→「問題解決・改善」のステップにおいて、企業や店側の対応に不備があると、顧客の感情は爆発し、カスハラに発展するケースも少なくありません。前述したように、逆にクレームの対応如何で顧客が企業や店のファンとなる場合もあります。正当なクレームにいかに対応するかは企業や店側の真価が試されているといえるでしょう。

後述しますが、このクレームの中にも正当であるものと、いわゆるグレーゾーンと呼ばれる領域が存在します。このグレーゾーンのクレームの対応は企業や店側がいかに見極めるかが重要になります。この点もクレーム対応が一筋縄ではいかないことを示しているといえるでしょう。

〔図表5　正当なクレームの対応ステップ〕

- 傾聴：顧客の話を十分に聞き、問題を正確に把握します。
- 共感：共感の姿勢を示します。顧客の気持ちを理解し、その思いに寄り添うことで、顧客の怒りや不満を和らげることができます。
- 説明：問題の原因や対応策を丁寧に説明します。顧客に対して透明性を保ち、誠実に対応することで、信頼関係を築くことができます。
- 問題解決／改善：その後、可能な範囲で問題解決や改善を行います
- フォロー：最後に、解決後も顧客の満足度を確認するフォローアップを行うことで、顧客との良好な関係を維持することができます。

一方、悪質なクレーム（＝カスハラ）の特徴は大きく異なります。問題の本質とは関係のない要求をしたり、感情的で攻撃的な態度を取ったりするのが特徴です。個人攻撃や脅迫的な言動を含むことも多く、要求が過度であり、通常の対応では解決が困難です。

悪質なクレームへの対応方法は、正当なクレームとは異なるアプローチが求められます（図表6）。

〔図表6　悪質なクレーム（カスハラ）の対応方法〕

・冷静さを保つ	まず、冷静さを保つことが重要です。感情的にならず、プロフェッショナルな態度を維持します。
・境界線を示す	次に、明確な境界線を示します。攻撃的な言動は受け入れられないことを毅然とした態度で伝えます。
・記録をする	言動や要求の内容を詳細に記録することも重要です。これは後の対応や、必要に応じて法的措置を取る際の証拠となります。
・安全確保	何よりスタッフの安全確保を最優先します。身の危険を感じた場合は、すぐにその場を離れ、必要に応じて警察に通報することも躊躇すべきではありません。
・引継ぎ	そして、引継ぎの手順を踏むことも大切です。現場で対応が困難な場合は、速やかに上司や専門部署に報告し、対応を引き継ぎます。

正当なクレームと悪質なクレームの見分け方

では、正当なクレームと悪質なクレーム（カスハラ）をいかに見分ければよいのでしょうか。図表7を参考にしてください。ポイントとしては、次の点が挙げられます。

○要求の合理性

企業のポリシーや法令に照らして合理的かどうかを判断します。

○顧客の態度

冷静で理性的か、それとも感情的で攻撃的かを見極めます。

また、解決可能性も重要な判断基準です。通常の対応で解決可能か、それとも過度な要求かを判断します。さらに、影響の範囲も考慮します。問題解決に留まるか、それともスタッフの尊厳や安全を脅かすかを判断します。

しかし、現実には正当なクレームと悪質なクレームの境界線が曖昧な場合も多々あります。最初は正当なクレームとして始まったものが、対応の過程で悪質なクレームに発展するケース（エスカレーション型）もあります。この場合、スタッフとの押し問答を繰り返し、結果として顧客の感情が爆発し、合理性のない要求を繰り返すのです。

また、顧客の文化的背景や個人的な事情によって、一見悪質に見えるクレームが実は正当な要求である場合もあります。そのため、企業ごとの顧客特性や販売形態を踏まえて明確な判断基準を設けると同時に、個々の状況に応じて柔軟に対応できる体制を整えることが重要です。

たとえば、クレーム対応のガイドラインを作成し、スタッフに周知徹底すると同時に、判断に迷う場合の相談体制を整備することが効果的です。また、定期的に事例研究を行い、スタッフの判断力を養うことも有効です。

さらに、正当なクレームを適切に処理することで、悪質なクレーム（カスハラ）

〔図表７　カスハラとクレームの違い〕

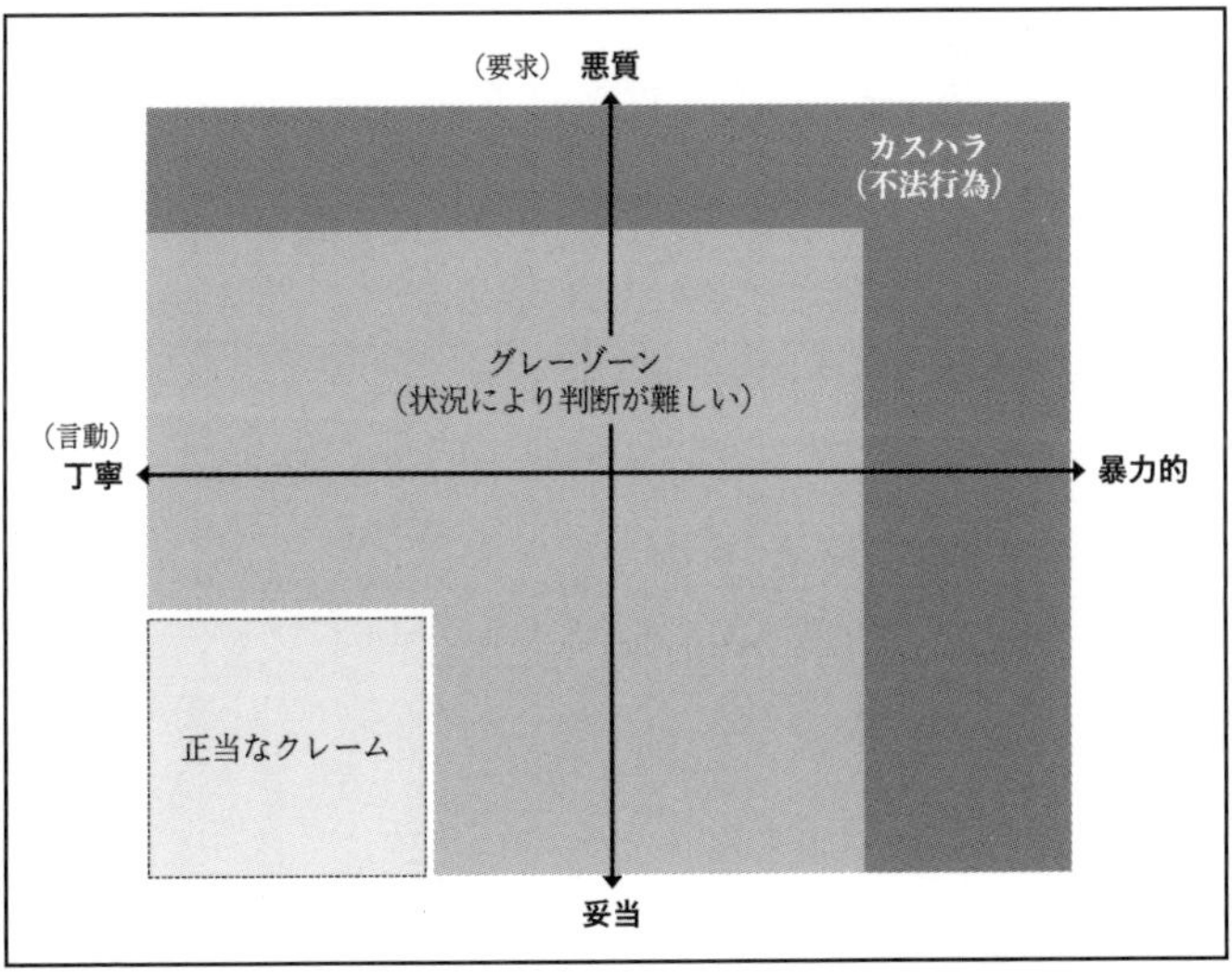

を未然に防ぐ効果も期待できます。顧客の声に真摯に耳を傾け、迅速かつ適切に対応することで、顧客の不満が蓄積し、過度な要求につながることを防ぐことができます。

一方で、悪質なクレーム（カスハラ）を明確に判断できる場合は、企業として毅然とした態度を示すことも重要です。カスハラを行った顧客に対しては、警告をすることも必要であり、最悪の場合はサービス提供を拒否するなどの措置を取ることも検討すべきです。ただし、このような措置を取る際は、法的リスクを十分に考慮し、弁護士などの専門家に相談した上で慎重に判断する必要があります。

正当なクレームと悪質なクレーム（カスハラ）の違いを理解し、適切に対応することは、顧客満足度の向上とスタッフの保護の両立を図る上で極めて重要です。企業はこの違いを明確に認識し、正当なクレームには誠実に対応しつつ、カスハラに該当する行為には毅然とした態度で臨むことが求められます。同時に、スタッフに対しては、適切な判断と対応ができるよう、継続的な教育と支援を行うことが不可欠です。自社の顧客特性や過去のクレームなどを洗い出し、ケースバイケースで柔軟な対応ができるよう準備が求められます。

このような取組を通じて、企業は健全な顧客関係を構築し、スタッフが安心して働ける職場環境を実現することができるのです。

6 カスハラの現状と課題

理不尽な要求も受け入れるべきという文化がいまだ根づいている

カスハラは近年増加傾向にあり、その背景には複雑な社会的要因が絡み合っています。ここでは、カスハラの現状を分析し、その課題と対策について詳しく見ていきましょう。

まず、カスハラ増加の背景として挙げられるのが、企業における「顧客至上主義の行き過ぎ」です。「お客様は神様です」という考え方が極端に解釈され、理不尽な要求も受け入れるべきという文化がいまだ根づいています。顧客獲得競争の激化により、過度な顧客サービスが常態化しているという側面もあります。この状況下では、一部の顧客が自身の要求を通すために過度に攻撃的な態度を取るようになり、カスハラにつながるのです。

大切なのは、適切な顧客対応とスタッフの保護のバランスを取ることです。企業は顧客満足度を重視しつつも、社員やスタッフの尊厳と安全を守ることとの重要性を再認識することが求められます。企業側は理念や行動指針に「社員やスタッフの尊厳尊重」を明記することや、顧客に対しても適切な行動を求める姿勢を明確にするなど対応が必要になるでしょう。

次に、「SNSの普及」もカスハラ増加の一因となっていると考えられます。SNSを通じて個人の不満を拡散しやすくなり、それが企業やスタッフへの圧力へと転化します。匿名性を悪用した攻撃的な投稿も増加しています。些細な出来事が大きな炎上に発展するリスクもあり、SNS上の誹謗中傷への対応や風評被害（レピテーションリスク）の防止も重要となります。SNS上でのコミュニケーションスキルや、炎上時の適切な対応方法について、スタッフ教育を行うことも必要でしょう。

特にコロナ禍以降「ストレス社会」の進行により、カスハラ増加の背景ともなっています。社会全体のストレスレベルが高まり、些細なことでも攻撃的になりやすい状況が生まれており、経済的不安や社会的孤立感の増大が、攻撃的行動の一因となっているケースも少なくありません。店舗を見てみると、タッチパネルでの注文形態などが一般化し、対面でのコミュニケーション機会も減少しています。企業も顧客も他者への共感力が低下しています。企業側においても、相手の立場を考える姿勢をいかに育てていけるかも大きな課題として挙げられると考えています。

カスハラ問題の解決には、企業、スタッフ、顧客、そして社会全体が協力して取り組む必要があります。1人ひとりが問題意識を持ち、互いの尊厳を尊重し合う社会を目指すことが重要です。企業は、カスハラ対策を単なるリスク管理としてではなく、健全な企業文化を築き、持続可能な事業運営を実現するための重要な取り組みとして位置づけるべきです。同時に、顧客も自らの言動が他者に与える影響を考え、適切なコミュニケーションを心がける必要があります。

そのためにも社会全体として、「顧客は常に正しい」という考え方を見直し、顧客と企業、スタッフが互いに尊重し合う関係性を構築していく文化を醸成していくことが大切です。単に職場環境の改善と捉えるのではなく、社会全体のコミュニケーションの質を向上させ、より良い社会を築く契機として進めていくべきでしょう。

7 社会におけるカスハラの影響

個人・企業・団体・社会の健全性を脅かす可能性

カスハラは、直接の当事者だけでなく、社会全体に広範な影響を及ぼします。その影響は多岐にわたり、個人、企業、そして社会全体の健全性を脅かす可能性があります。ここでは、カスハラがもたらす影響を多角的に分析し、その対策について考察します。

まず、社員やスタッフへの影響から見ていきましょう。カスハラの直接的な影響として、メンタルヘルスの悪化が挙げられます。不安障害やうつ病などの発症リスクが増加し、深刻な場合にはＰＴＳＤ（心的外傷後ストレス障害）を引き起こす可能性もあります。また、モチベーションの低下や仕事への意欲減退、パフォーマンスの低下といった問題も生じます。さらに、カスハラを理由とした離職率の上昇や、接客業務からの回避、キャリアプランの変更など、キャリア形成にも悪影響を及ぼします。長期的には、継続的な攻撃による自信喪失や自尊心の低下、対人関係スキルの低下といった問題も生じる可能性があります。

これらの問題は、個人の生活の質を著しく低下させるだけでなく、社会全体の労働力の質にも影響を与えます。

次に、企業経営における影響を考えてみましょう。カスハラは企業にとっても深刻な問題をもたらします。先に挙げたスタッフのメンタル面の影響は、パフォーマンス低下による業務効率の悪化につながります。また、カスハラが頻発に発生する環境を放置しておくと企業の評判や信用にも傷がつき、人材確保を困難にし、優秀な人材の流出を招く可能性があります。長期的には、組織文化の悪化やスタッフ間の信頼関係の崩壊、イノベーションの停滞といった問題も生じることも想定できます。萎縮した組織風土は新しいアイデアの創出を妨げ、企業の競争力低下につながる恐れもあります。

消費者への影響も看過できません。カスハラの蔓延は、サービス品質の低下を招く可能性があります。サービスレベルの低下は、顧客満足度の減少につながります。また、カスハラ対策コストの転嫁による商品・サービス価格の上昇も懸念されます。カスハラリスクの高いサービスの縮小・廃止により、利用可能なサービスが減少も予想されます。リスク回避のための柔軟性のないサービス提供や、サービス利用に対する心理的障壁の増加といった問題も懸念されます。

最後に、社会全体への影響を考えてみましょう。カスハラの蔓延は、労働環境の全般的な悪化につながります。特にサービス業全体の労働条件の低下は、経済成長の鈍化を招く可能性があります。特に若年層の特定職種離れ（接客業等への就職忌避）や、対人関係スキルの全般的な劣化といった問題も発生するのではないでしょうか。

これらの影響は相互に関連しており、負の連鎖を生み出す可能性があるのが怖いところです。店舗への強盗事件が頻発する地域を例にとってみましょう。頻発する事件により店舗就業者の数が減少します。就業者だけでなく治安の悪化により店舗で買い物をする住民も減り、店舗の売上も減少し、経営は悪化の一途をたどります。地域の店舗は減少し、いつしか住民たちも買い物に困る状況になります。

だからこそ、カスハラ対策は個々の企業や業界だけの問題ではなく、社会全体で取り組むべき重要な課題といえるのです。政府、企業、消費者、そして市民社会が一体となって、互いの尊厳を尊重し合える社会の実現に向けて努力することが求められます。

8 企業の責務と対応義務

企業団体がとるべき対策

カスハラの防止において、企業は重要な役割を担っています。法的責任を果たすだけでなく、社員やスタッフの安全と尊厳を守り、健全な企業活動を維持するために、様々な責務と対応義務があります。

ここでは、企業や団体（飲食店や商店なども同様です）が取るべき具体的な対策と、その重要性について詳しく見ていきます。

■防止方針の明確化

企業は、カスハラを許さない方針を明確に示し、スタッフおよび顧客に周知する必要があります。具体的には、企業理念や行動指針にカスハラ防止を明記し、社内外向けのカスハラ防止宣言を策定・公表することが効果的です。

2章以降でも詳述しますが、カスハラ対策マニュアルを策定し、社内だけでなく対外的にも公表する企業・自治体も増えています。店頭やウェブサイトなどでのカスハラ防止ポリシーの掲示も多く見られるようになりました。

このような取組の重要性は、カスハラに対する企業の姿勢を明確に示すことで、社内のスタッフに安心感を与え、同時に顧客に適切な行動を促すことができる点にあります。明確な方針は、カスハラ防止の基盤となり、企業全体の意識向上につながります。

■「相談窓口の設置」

次頁の図表８は厚労省の労働力調査の結果です。カスハラ被害の後の行動は同僚や上司への相談が高い割合を占めています。

企業として必要になるのは、カスハラ被害を受けた社員やスタッフが安心して相談できる体制を整備することです。上司の対応はもちろんのこと、専門の相談窓口の設置（内部・外部）、匿名での相談受付システムの導入、24時間対応のホットラインの設置なども考えられます。相談窓口の設置（店舗であれば店長やマネージャーに相談できる体制）は、カスハラの早期発見・早期対応を可能にし、被害の拡大を防ぐことにも役立ちます。また、体制の充実はスタッフの心理的安全性を確保し、職場への信頼感を高める効果もあります。

企業としてカスハラ被害とどう向き合っていくかが、これからの経営において重要なテーマになります。

〔図表8　カスハラを受けた後の行動〕

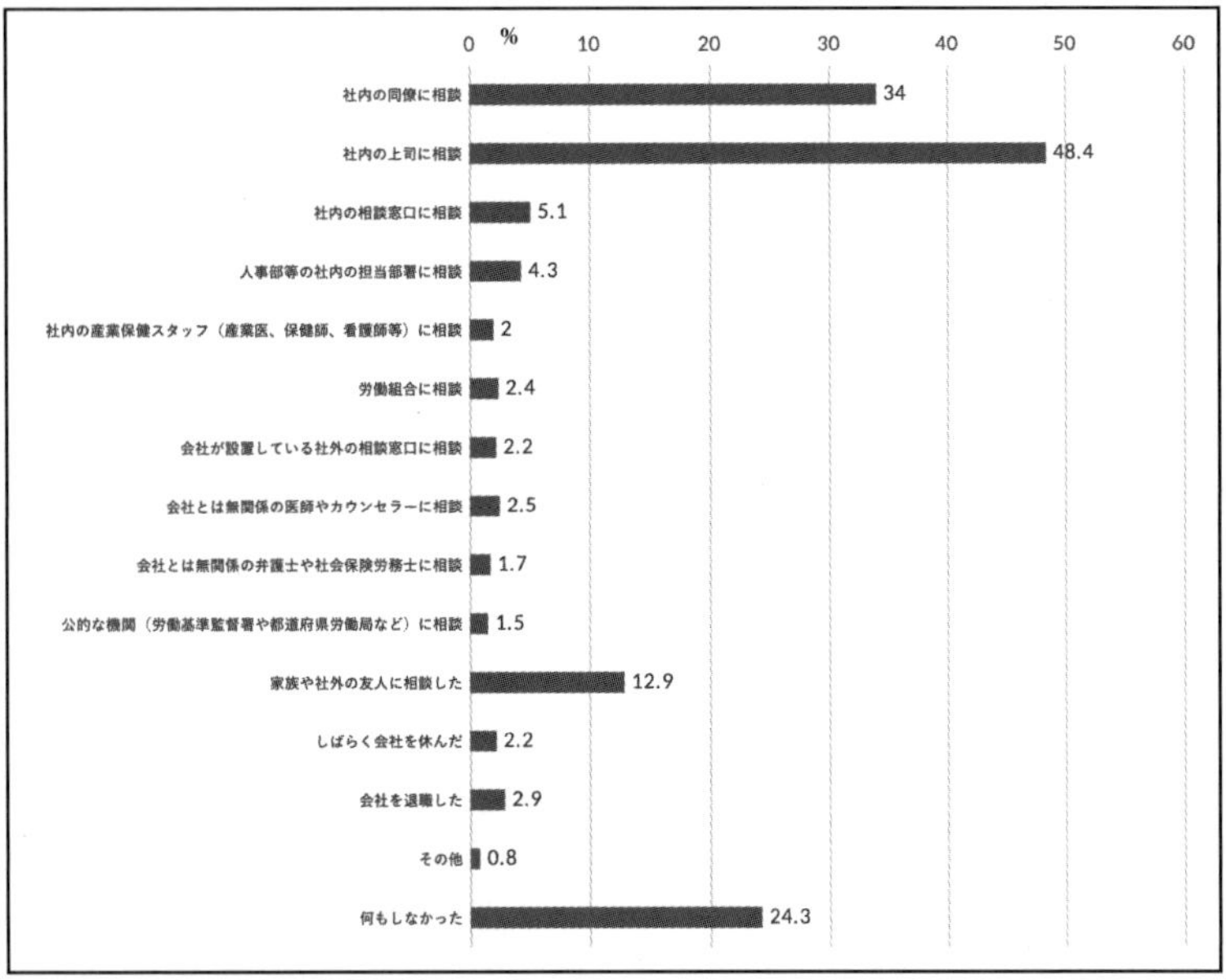

（出所　厚生労働省・労働力調査より）

■「社員教育の実施」

カスハラの認識や対応方法について定期的な研修を行うことが求められます。具体的には、全社員・スタッフ向けのカスハラ防止研修の実施、管理職向けの対応スキル向上研修、カスハラ発生時の対応シミュレーション訓練などが挙げられます。

小規模店舗などは、このような教育の時間的余裕がないかもしれませんが、自社・自店でできる限り、カスハラについて知識を深められるようにできる範囲から取り組みを行うようにしましょう。

社員教育は適切な対応能力を養うために不可欠です。社員の意識向上にもつながり、カスハラの予防にも効果を発揮します。

■「マニュアルの整備」

カスハラ発生時の対応手順を明確にしたマニュアルを作成し、周知することが必要になります。マニュアルには、カスハラの定義、具体的な事例、対応手順、報告ルートなどを明記します。

マニュアルは定期的な見直しと更新も必要です。スタッフが一貫した対応を取るための指針となり、カスハラ発生時の混乱を最小限に抑えることにつながります。また、スタッフの不安を軽減し、自信を持って対応できるようサポートする役割も果たします。
マニュアルについては2章で詳しく説明します。

■「環境整備」

防犯カメラの設置や警備員の配置など、物理的な安全確保策を講じることが求められます。

また、レイアウトの工夫（例：カウンターの高さを調整して物理的な距離を確保するなど）や、緊急時の動線の確保なども重要です。環境整備は、カスハラの抑止力となるだけでなく、実際にカスハラが発生した際の証拠収集や迅速な対応にも役立ちます。スタッフに安心感を与え、働きやすい環境を提供することにもつながります。

■「被害者保護」

カスハラ被害を受けたスタッフのケアや、必要に応じた業務調整を行うことが必要になります。メンタルヘルスケアの提供、一時的な配置転換、加害者との接触を避けるための措置などが考えられます。

カスハラ被害者の保護は、スタッフの心身の健康を守り、二次被害を防ぐために不可欠です。

また、企業がスタッフを守るというメッセージを発信することにもなり、信頼感や帰属意識の向上にもつながります。

■「再発防止策の実施」

発生したカスハラ事案を分析し、再発防止に向けた対策を講じることが求められます。カスハラ事案の詳細な分析、原因の特定、対策の立案と実施、効果の検証を行います。

再発を防ぐだけでなく、企業全体のカスハラ対策の改善のサイクルを構築するためにも重要です。

また、スタッフに対して企業の真剣な姿勢を示すことにもなり、職場の安全性に対する信頼感を高める効果もあります。

■「関係機関との連携」

警察や公的な外部機関と連携して対応することも必要なるケースも生じます。業界団体や地域の同業者ネットワークとの情報共有や協力体制の構築も検討しましょう。

深刻なカスハラ事案に対する適切な対応や最新の情報や好事例の共有により、自社のカスハラ対策の改善にもつながります。

経営層のコミットメントが不可欠

これらの責務と対応義務を果たすことは、単に法的要請に応えるだけでなく、社員やスタッフの安全と尊厳を守り、健全な企業活動を維持するために必要になります。また、この取り組みは、企業の社会的責任（ＣＳＲ）の観点からも重要となり、企業価値の向上にもつながります。

対策を効果的に実施するためにはやはり、経営層のコミットメントが不可欠です。経営層がカスハラという社会問題に対して、どのように対処するのかという姿勢を社内に示すことが大切であり、対策自体を現場任せにしまうようではうまく進みません。カスハラ対策を経営上の重要課題として位置づけ、必要な資源（人材、資金、時間）を適切に配分することが求められます。

カスハラ対策は一度実施すれば終わりというものではありません。社会情勢の変化や新たな形態のカスハラの出現に応じて、常に見直しと改善を行っていく必要があります。

そのためには、現場の声に耳を傾け、外部の専門家の知見も取り入れ、他社の好事例を学ぶなど、柔軟かつ継続的な取り組みが求められるのです。

第2章　カスハラ対策マニュアルを作成

カスハラはいつ、どこで起こるかわかりません。発生すれば、社員やアルバイトの安全も脅かされるものです。また、業種業態により対応・対処が異なります。さらに、自社・自店の位置づけや扱う商品やサービスによっても違ってくる。対策を講じるために何から進めればよいのか？

まずは対策マニュアルを作成し、社内・店内の働く人たちに対策の意味を知ってもらう必要があります。

本章では、対策マニュアルの作成の必要性、盛り込むべき項目活用について解説します。

1　マニュアル作成の目的と意義

対応に一貫性をもたせるためにマニュアル作成

なぜ対策マニュアルを作成しなければならないのでしょうか？　それは「一貫性」であるといってよいでしょう。企業などが顧客のクレーム対応に一貫性をもたないで、都度異なる対応をすることは現場が混乱するだけでなく、対応コスト（人・物・金）もかさんでしまうことで、経営にも少なからず影響を与えることになります。

たとえば、このような一貫性のない対応を許容していると、「以前も対応してくれた」と顧客は主張し、法外な要求を求めてくることもあるでしょう。そんな状況でスタッフが対応にまごついていると、顧客の感情がさらに高まり、暴言や叱責が続き収集がつかなくなります。

このようなことが続けば、対応するスタッフも肉体的にも精神的にも疲弊します。だからこそ一貫した対応が必要になるのです。マニュアル作成の意味はその点に尽きます。

常にマニュアルの情報が最新に更新され続け、スタッフが内容を熟知していれば、即座に行動ができます。顧客の不当な要求に対して毅然とした対応がとれ、会社としての正当な主張を通して事態収束に至ります。

つまり、カスハラに毅然と対応して撃退することができるのです。一貫性を担保することでスタッフを守り、そして会社を守ることになることは容易に想像がつくでしょう。いつ発生するかわからないカスハラですが、起きたときに慌てても時すでに遅しです。

しかし、多くの職場では複数の人が働いています。そして人手不足であったりして、仕事は忙しくできるだけ余計なことに時間をかけられないのが皆さんの現状ではないでしょうか。スタッフとの情報共有ができていると思っていても、実は肝心なことが抜け漏れしてしまっていることがあるかもしれません。

また、マニュアルを作成しようにも、仕事が属人化していて特定の担当者しか業務の内容自体がわからない、担当者が不在であったら、仕事が停滞してしまうこともあるかと思います。

そのような環境にあるからこそ、マニュアルが必要になるのです。誰が見ても、一貫した対応ができることがなによりも重要です。アルバイトやパートタイマーが見ても理解できる内容を心がけるようにしましょう。

カスハラ対策マニュアルを作成する目的と意義をここで再度示します。作成の際は、この前提を忘れないようにしてください。

・目的：作成し円滑な運用体制をとることで、スタッフを守り会社を守ることにつながる
・意義：いざというときに迅速かつ円滑な事態収束をはかる術

2　カスハラに至るクレーム経緯

前章でも述べたとおり、顧客クレームも状況により様々なケースが考えられます。顧客の要求も態度も異常がなければ、現場スタッフレベルで解決可能です。一方、カスハラも一目瞭然です。暴言・暴力・脅迫・明らかな嫌がらせ…などの行為が明らかですので、店長やマネージャーが即断し、警察への通報を行うなど対処を行います（図表9）。

しかし、クレーム問題、カスハラ問題の本質は顧客の『感情』にあります。正当なクレームを申し立てている顧客がスタッフの言葉遣い、態度に感情を高ぶらせ、最終的にカスハラに至るケースも少なくありません。

また、正当なクレームとは判断し難い、対処が難しいケースも想定されます。たとえば、自社・自店のミスであることは間違いないが、顧客の要求が常識の範囲を超えていると判断される場面などは、対応するスタッフだけでは対処を決めかねることも多いでしょう。そのような場面でも顧客の感情は高ぶり続け、結果として暴言や脅迫などの言動に行きつ

〔図表９　カスハラに至るクレームの対応フロー〕

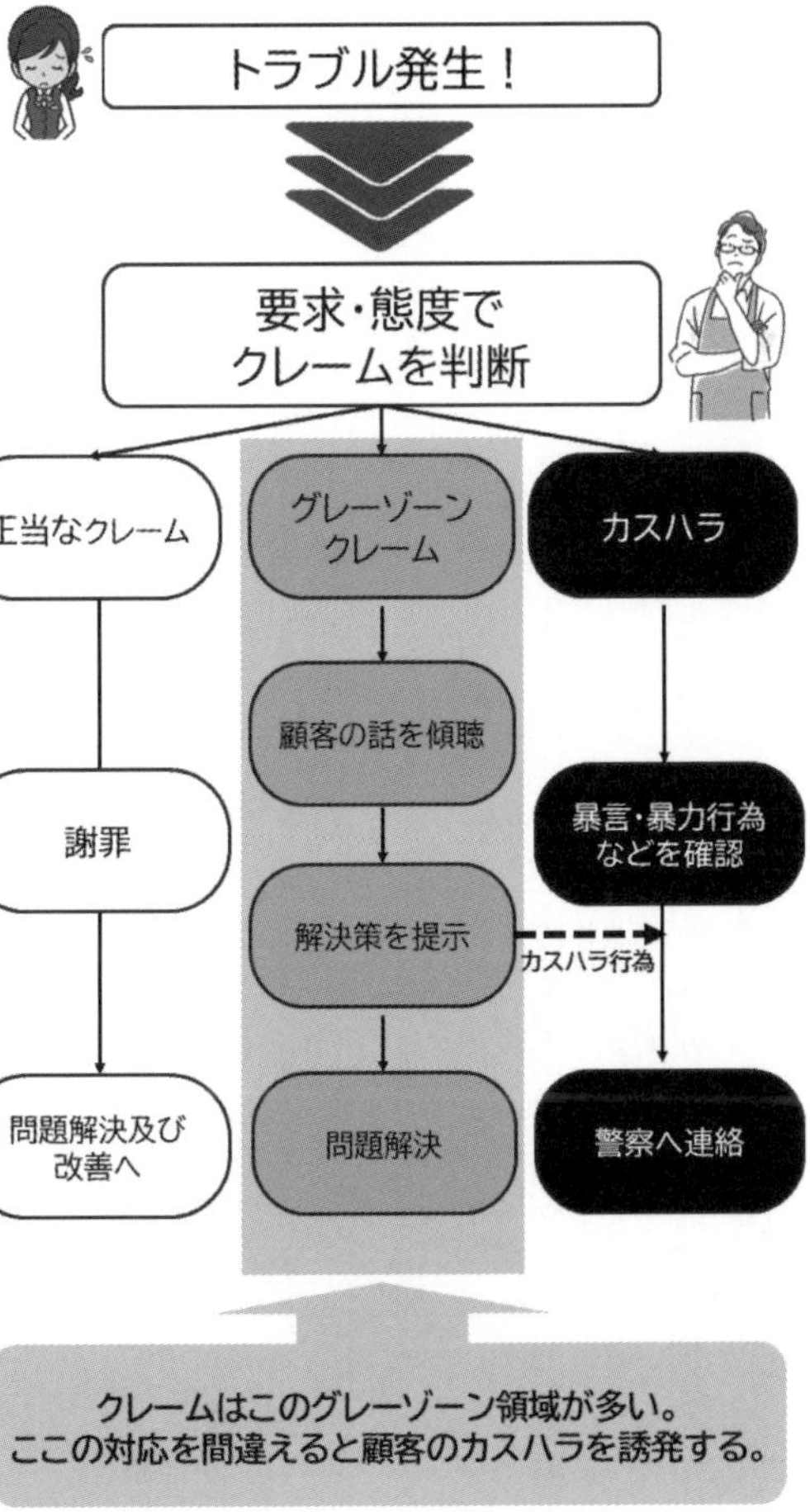

くこともあります。

感情が頂点に達したとしても暴言や暴力などの行為に及ぶのは立派なカスハラです。スタッフの対応に多少の齟齬があったとしても、このような行為が許されるわけではありません。

しかし、このグレーゾーンのクレーム対応こそが、企業や店の真価が発揮される場面とも言えるのではないでしょうか。グレーゾーンのクレームがカスハラに至れば、対応するスタッフは精神的にも追い込まれます。

また、この対応が長引けば長引くほど、他の業務を別のスタッフが受け持つことになり、社内や店全体の業務負担が大きくなります。そのような事態を喜ぶ企業や店舗はないはずです。

できるならば、グレーゾーンのクレームを解決に導くことが企業と顧客にとっても最善の結果であることは言うまでもありません。

さらに言えば、正当なクレームやグレーゾーンのクレーム対応如何で、顧客が企業や店のファンとなり、優良顧客へと転化させることもあるのです。自社・自店の過去から現在までに至るクレームの特徴を集約し、対策を講じておくことは極めて重要であることがわかるかと思います。

本章で解説するカスハラ対策マニュアルの策定の本質は、このグレーゾーンのクレームをいかに適切に対応するかという点にあります。カスハラ対策とは、カスハラへ至るクレーム経緯を把握し、企業や店側の対応力によりそれを未然に防ぐことに尽きます。そのため、顧客への啓発と方針への理解、そして発生時の対処の準備を同時並行で進め、いざというときにカスハラに至らない対応方法を企業や店全体で共有しておく必要があるのです。

本書の第３章から第６章にかけては、それぞれの業界ごとの現場事情に合わせたクレーム対応の準備と対策を説明しています。「カスハラに発展させない」という視点で参考にしてもらえればと思います。

3　マニュアル作成の手順

顧客クレームの対応管理簿の作成から始める

マニュアルを作成するとして、一体何から進めていけばよいのかわからないことも多いと思います。何をどのように書けばいいか見当もつかない方も多いでしょう。

カスハラ対策マニュアルは「(企業・店における) カスハラの定義」「法令における順守ポイント」「発生時の対応」「事前防止策」などの項目を策定していきます。ここで大切なのは、整合性（内容の矛盾がないこと）を考慮して作成を進めることです。

場合によっては、職場では自分1人で他のスタッフがいないケースや派遣社員やアルバイトやパートタイマーなど、非正規雇用が主力の職場もあるでしょう。そのような環境では、マニュアル作成を行う時間や労力が割けない、またはマニュアル作成自体が不可能であるかもしれません。

本章ではマニュアルの一定の形式を説明しますが、必ずしもその形式に縛られることはありません。極端なことをいえば、まずは顧客クレームの対応管理簿の作成からはじめてみるのもよい方法です。

すでに述べたように、対策マニュアルの意味は一貫性のある対応ができることです。つまり、同じクレームや似たような顧客からの対応を、データや書面に残しておくだけでも最初は問題ありません。

このようなクレーム管理簿に情報を蓄積していくことにより、どのようなクレームが多いのか、誰がどう対応して、どのくらいの時間を要したのか、簡易的に分析できるようになります。

たとえば、「毎月下旬にクレームが集中している」「休み明けの月曜に多い」などが管理簿から見えてくるのです。業種や業態、地域によって様々な傾向が見えてくるかもしれません。試験的に一定期間だけでも情報を集めてみると、クレーム管理簿の重要性に気づくはずです。

そこから一歩踏み込んで、次のステップとして本格的にクレーム対策に着手していくのがよいでしょう。アルバイトやパートタイマーなどを集めて管理簿をもとに皆で意見を出し合います。このような意見収集の場で改めて気づかされることが多いのです。

たとえば、顧客対応が上手いパートタイマー、顧客が納得されずに対応に苦慮したアルバイト、最初はクレームを言っていたのにスタッフの対応に感激されて毎回購入する顧客の存在など。ここで出た意見は否定せずに今後の対応の検討に加えます。そうすることにより、個々のノウハウが集積し、クレームやカスハラ時の対策の原型ができあがっていくのです。

働いている職場の規模やスタッフの数にもよりますが、現場での対策マニュアルとしてはこの段階でも充分に合格点になるのではないかと考えています。最初から立派なマニュアルを作成しようとするとどうしても時間がかかり、結果として後回しとなり、対策が進まなくなることもあります。まず、できる範囲から始めることが大切です。前出のような取り組みはどのような環境においても現場のリーダーは着手できるのではないでしょうか。

4　マニュアルに込めるトップのメッセージ

社長の考えを明確に示す

複数の店舗を運営していたり、スタッフ数や会社の規模が一定以上の場合、対策マニュアルにおいて極めて重要なのは社長や経営幹部が自分たちの考えを明確に示すことです。前章でも述べたとおり、カスハラ対策は会社（経営者）の責務として（責任下において）進めるべきものであります。カスハラ対策についてトップが何を考え、何を講じようとしているのか、スタッフに理解できるようにメッセージとして伝えます。

対策マニュアルは業種・業態によりその内容は異なってきます。規模によっても変わりますし、働くスタッフの雇用形態に合わせて内容に変化が必要なケースも出てくるでしょう。

しかし、最も大切なのは企業のトップや経営層の決意表明です。カスハラへの対策はいわば企業としての宣言ともいえます。

従来、「お客様は神様」と根強く残っていた常識に対して、敢然と対応を表明するものです。もしかしたら、従来は現場でカスハラや悪質なクレームで思い悩んでいたスタッフもいるかもしれません。この状況が続くならば退職を検討しているスタッフもいるかもしれません。そのような状況の中で、対策の手順のみのマニュアルを作成し、周知しても「仏作って魂入れず」です。

カスハラに対して、自分たちの会社がどのように考え、行動していくのかということをスタッフは注視しています。逆に、トップや経営陣がこのことを軽視するようだと、職場における心理的安全性を確保できず、離職率を高め、市場において競争力を失っていくでしょう。だからこそ、このトップのメッセージを軽く考えないでもらいたいのです。経営陣が膝を突き合わせて侃々諤々の議論を繰り返し、メッセージを考えてもらいたいと思っています。

5　対策マニュアル作成の流れ

実際にカスハラ対策マニュアルを作成するにあたり、どのような内容を盛り込んでいけばよいのかを本項で解説します。マニュアルは慣れないと作成に時間がかかったり、途中で作成を止めてしまうケースもあります。社内に周知を行うものであるので、まずは作成しやすいところから進め、議論が必要なところは多少時間をかける…という流れを想定しておくとよいでしょう。

次に示すマニュアルの項目は①から順に作成を進める必要はありません（マニュアル例は図表10を参照）。

前述したように店長やマネージャーなどが、いきなり作成が難しいと思えば、現場スタッフの意見をヒアリングして考えながら進めてください。

たとえば、「②カスタマーハラスメントとは」は、自社の業態においてどのような悪質なクレームやカスハラが発生しているのかという情報を収集しないと作成が難しいと思います。つまり、「④顧客クレーム対応例」を作成することで、自社・自店の「②カスタマーハラスメントとは」に当てはまるカスハラの定義が浮き彫りになります。

項目①：社長・オーナーのメッセージ

前項でも解説した社長やオーナーのカスハラへの対応の宣言です。支社・店舗数が多いのであれば、普段は顔をあわせる機会が少ないスタッフへのメッセージと捉えてください。

スタッフは自らの職場環境に不安を感じているかもしれません。そんな不安を解消させるためにも、このメッセージは極めて重要であり、経営陣でしっかりと議論を尽くし作成を進めてください。

項目②：カスタマーハラスメントとは

自社・自店におけるカスハラに該当する行為を示します。

一般的な定義ではなく、自社・自店の業態に合わせ、カスハラに該当する行為を列挙します。ここで示した行為は、自社・自店がカスハラ行為と判断する基準となるものです。

できるだけ行為の詳細を列挙するのが望ましいですが、数が多すぎてもマニュアルを確認する際に不便が生じます。その場合は「暴言」「脅迫」「暴力」「時間拘束」など行為の種別ごとに行為例を示すとよいでしょう。

項目③：発生時の対応

カスハラ発生時にスタッフはどのように対応するのかをわかりやすくかつ詳細に示します。

カスハラ行為と判断したスタッフが即座にどのような行動をとればよいかの手順を記載しましょう。これも自社・自店の業態でプロセスは多種多様かと思います。大切なのは、スタッフが迅速に判断できる手順であることです。アルバイトでもパートタイマーでも理解できるような手順を示しておくことが重要です。非現実的な手順は発生時に対応が難しくなり、ますます事態を悪化させます。

たとえば、「カスハラ発生時は店内のマネージャーに対応記録と共に報告と引継ぎを行い、以後、マネージャーが当該顧客と対応を行う」など自社・自店の現場の状況に照らして記載を行います。

項目②で説明したように行為の種別毎に対応方法が異なる場合は、それぞれの対応行動を示す必要があるでしょう。

また、店舗などの場合、他の顧客への対応も考慮する必要があるため、その行動対応も盛り込んでおくようにします。

項目④：よくあるクレーム対応例

自社・自店で発生したことのあるクレーム対応例などをこの項目で記載をしておきます。クレーム対応例を記載しておくことで、同様のクレーム（カスハラを含むグレーゾーン）への対処もすぐに確認することができ、上司や店長も指示がしやすくなります。対応例はクレーム例とその対応方法を簡潔に記載しておきます。

項目⑤：心構え

カスハラ対策マニュアルでありますが、対応スタッフは常に顧客対応における基本姿勢を把握しておく必要があります。

自社・自店の指針に合わせ、「正しいトークと所作」「対応履歴の記録」などの内容を記載しておくとよいでしょう。スタッフに常に意識しておいてもらいたい内容を記載するのがポイントです。

項目⑥：確認すべき条例等

自治体等でカスハラに関する条例が制定されている場合、ここに示しておくようにしましょう。

たとえば東京都であれば、図表10のような記載が考えられます。カスハラに対し、毅然とした対応がとるための根拠としてスタッフに示します。そして、自社・自店の姿勢をスタッフに示すものとしても重要な項目です。

項目⑦：連絡先

たとえば、店長や上司、マネージャーが店内に不在である場合などの緊急連絡先を記載します。

繋がらない場合を想定して複数の対応責任者・部門などの連絡先を記載しておくことが

必要です。カスハラは緊急対応になるため、責任者の誰かが即座に判断して収束へ動くことが必要です。

〔図表10　東京都カスタマーハラスメント防止条例（要約抜粋）〕

■カスタマー・ハラスメントの禁止
- 何人も、あらゆる場において、カスタマー・ハラスメントを行ってはならない。
- この条例の適用に当たっては、顧客等の権利を不当に侵害しないように留意しなければならない。

■顧客等の責務
- 顧客等は、基本理念にのっとり、カスタマー・ハラスメントに係る問題に対する関心と理解を深めるとともに、就業者に対する言動に必要な注意を払うよう努めなければならない。
- 顧客等は、都が実施するカスタマー・ハラスメント防止施策に協力するよう努めなければならない。

■就業者の責務
- 就業者は、基本理念にのっとり、顧客等の権利を尊重し、カスタマー・ハラスメントに係る問題に対する関心と理解を深めるとともに、カスタマー・ハラスメントの防止に資する行動をとるよう努めなければならない。
- 就業者は、その業務に関して事業者が実施するカスタマー・ハラスメントの防止に関する取組に協力するよう努めなければならない。

■事業者の責務
- 事業者は、基本理念にのっとり、カスタマー・ハラスメントの防止に主体的かつ積極的に取り組むとともに、都が実施するカスタマー・ハラスメント防止施策に協力するよう努めなければならない。
- 事業者は、その事業に関して就業者がカスタマー・ハラスメントを受けた場合には、速やかに就業者の安全を確保するとともに、当該行為を行った顧客等に対し、その中止の申入れその他の必要かつ適切な措置を講ずるよう努めなければならない。
- 事業者は、その事業に関して就業者が顧客等としてカスタマー・ハラスメントを行わないように、必要な措置を講ずるよう努めなければならない。

〔図表 11　カスハラ対策マニュアルの作成例〕

カスタマーハラスメント対応マニュアル

2025/○○/○○
Ver.1　○○○○

はじめに	制作側の作成意図やマニュアルの使い方を従業員に伝える
トップメッセージ	経営者やオーナーの思いを述べ、周知を図る
カスハラとは	カスハラの定義や種類、特徴を解説する
発生時の対応	カスハラ発生時の対応方法、本マニュアルの確認方法を解説する
よくある クレーム対応例	自社または店舗で発生したクレームを挙げて「よくある質問」をつくる
心構え	日頃からの接客対応の指針など、意識しておくべき内容を記載する
確認すべき条例	条例で企業が対応すべき項目を解説
連絡先	カスハラ対応時などで責任者が不在の際の緊急連絡先を記載する

6 対策マニュアルの活用

いざというとき使えるようにしておく

完成した対策マニュアルは使ってこそ価値があります。貴重な業務時間を割いて労力をかけてマニュアルを作成しても、使われないのなら意味がありません。マニュアルは毎日のように目を通すというものではありません。

しかし、いざというときに力を発揮する（役立つ）のが、マニュアルの特性です。カスハラ発生時に誰もが変わらず一貫した対応をとるための準備です。だからこそ、いざというときに「使える」ようにしておかないとならないわけです。

現場のスタッフに利用してもらうためには「使う」「慣れる」「教える」の3要素が大切です。「使う」については、マニュアルを毎日確認するなどは現実的ではないので、習慣化する仕組みをつくるべきでしょう。

たとえば、週に1回、スタッフを集めて直近のクレーム例に基づき、どのように対応するのがベストだったかという議論する機会をつくります。時間は10分でも構いません。そのとき、対策マニュアルを皆で確認しながらカスハラ行為が発生した際の対応を確認するのです。

もう1つ効果的な方法は社内・店内への掲示です。もちろん、顧客の目の届かない控室や更衣室などスタッフが毎日利用する場所です。対策マニュアルの中でも「カスハラに該当する行為」や「発生時の対応」などの重要項目だけを抜粋し、掲示しておくのです。常にスタッフの目に入りますし、そこで確認もできます。自社・自店においてカスハラ対応が特別なことではなく、業務の一環として当たり前のこととして捉えてもらうための施策です。これは「慣れる」という部分で効果を発揮します。

そして、「教える」仕組みをつくることです。カスハラ発生時に迅速に対応できるためには必要なことです。たとえば、定期的にカスハラを想定したロールプレイングで練習・訓練を行います。「知っている」と「できる」は大きく異なります。実際にやってみるとうまく対応できない、行動できないことはよくあることです。そのギャップを埋めていくためにも、実践を想定した練習を行っておくことは大切なことです。

また、ベテランのスタッフが新人のスタッフに対策マニュアルを使って対応を教育するというスパイラルをつくることも大切です。店舗などでも最初は店長がアルバイトスタッフへ教え、その後は年数を経たベテランのアルバイトスタッフが新人に教えるという流れをつくりだすのです。教えることは理解を促進させる効果があり、当人の対応レベルも格段に上がります。

このように自社・自店で対策マニュアルの活用を定着化させる取り組みを進めていきましょう。

7　対策マニュアルの限界

すべてのクレームがマニュアルで解決できるわけではない

ここまでカスハラ対策マニュアルの重要性について解説してきました。しかし、マニュアルは万能ではないということも認識しておくべきです。マニュアルは必要なのは変わりありませんが、すべての事象についてマニュアル化できるということではないのです。

カスハラやクレームは再現性がほぼありません。わかりやすく説明すると、同じ顧客でありながらクレームを悪化させてしまうスタッフがいれば、なぜかうまく鎮静化できるスタッフがいます。

つまり、マニュアルに示した対応方法で実践しても、スタッフにより悪化させる場合もあれば、うまく収めることができるケースが生まれるわけです。対策マニュアルは対応の一貫性を担保するために必要です。

しかし、必ずしもすべての事象で同じ結果になるわけではありません。対策マニュアルを作成したから安心…ということにはならないのです。

組織において大切なのは、スタッフの個性や特徴を把握しながら適材適所で役割を果たしてもらうことです。対策マニュアルとマネジメントにおける不断の努力が求められるのは言うまでもありません。

そして、対策マニュアルにおける対応で判断が難しいのは「クレームかカスハラか判断つきにくいケース」です。いわゆるグレーゾーンの顧客です。この場合は、やはり現場を管理する上司や店長、マネージャーといった責任ある立場の人間が経験に基づいて判断するほかありません。

カスハラの中には、現場のスタッフがいままで経験したことのない事象や、こちらの対応にあわせて変幻自在に主張を変え、スタッフを翻弄しながら要求を通そうとするプロ的な確信犯型もいます。

すべてがマニュアルで解決できるわけではありません。

マニュアルを最大限に活用しながら、現場の経験や知恵も生かしていくことが必要になります。

8　マニュアルの作成で攻めのカスハラ対策を

カスハラ対策に後ろ向きでは生き残れない

現在の社会情勢を鑑みると、カスハラ対策に後ろ向きな企業が市場競争の世界において生き残ることは非常に難しいでしょう。これは上場企業や大手企業のみならず、中小企業や小規模な飲食店、小売店なども同様です。カスハラは自社・自店に負のスパイラルを引き起こします。

顧客からの暴言や脅迫行為がありながらも、担当スタッフの忍耐力に任せ、その後の対策を講じない場合、当然のようにスタッフの離職率は高まります。そのことで、人手不足はますます拍車がかかり、社内の限られたスタッフの業務負荷も高まります。そのため、次はカスハラが直接原因ではなくとも、さらに離職の流れが加速します。

同時にカスハラ発生により、他の顧客へのサービス品質が低下することで次第に市場競争力を失うことも想像に難くありません。そうなると、負のスパイラルはますます加速し、最終的に経営の存続が危ぶまれる事態に陥ります。

本項で解説してきた対策マニュアルの作成は、そのような社会情勢に適応するための第一歩となる作業といえます。正社員はもとより、アルバイトもパートタイマーも自社や自店を支える大切な人材です。その人材が理不尽な顧客からの行為により、肉体的・精神的に疲弊していくことを組織全体で危機と捉えて行動しなければなりません。

一方で、企業が存続するためには顧客と決別するわけにはいきません。企業には顧客が必要です。顧客がいるからこそ、売上が上がり、利益が出るのです。今以上に、顧客満足度は重要なテーマとなるでしょう。

一見すると、カスハラ対策と顧客満足度は相反するテーマに思われるかもしれません。昨今のカスハラ事件の報道などを見ると、確かに企業としてはガードを固めて排除したくなる気持ちも理解できます。しかし、繰り返しになりますが、企業は顧客がいなければ成立しません。顧客との良好な関係性を築きながら、いかにカスハラ行為に立ち向かうか。企業や店舗が意思を表明することが必要なのです。それが、カスハラ対策マニュアルで最も重要になるトップのメッセージです。

カスハラと戦う姿勢を明確し、同時に顧客への満足度を高めることに全力を尽くす。企業はカスハラ客と戦い、その他の優良顧客とさらに関係性を築くという「お客様は神様」という時代への決別を宣言するのです。

1000人の顧客がいるとすれば、悪意を持ったカスハラ客はおそらく1人くらいの割合だと考えています（その理由は執筆協力で関わらせていただいた「お客とお店のためのシン・カスハラ対策」（セルバ出版刊）にも詳述しているので参考にしていただきたい）。

大多数は自社・自店にとって大切な顧客である。このカスハラ対策を「苦情を言ってくるような顧客は排除する」という見方で捉えないでください。顧客は苦情を言う権利はあります。スタッフとのやり取りで、最初は正当な苦情を伝えているうちに段々と感情的になり、最期には悪質なクレームやカスハラに発展するのです。むしろ、このようなエスカレーション型のカスハラの方が現場では圧倒的に多いのです。

だからこそ、顧客との適切なコミュニケーションスキルを高め、カスハラに至る前に事態を収拾する術を身につけておくべきです。

多様な顧客が多様な要求を突きつけてくる時代です。そんな時代だからこそ、さらなる顧客満足度向上を実現できる自社・自店の環境構築を目指し、責めのカスハラ対策が求められるのです。

本章で解説したカスハラ対策マニュアルの作成は業態や規模により、内容も異なってくるでしょう。次章以降からカスハラの発生が多いとされる飲食業、小売業、コールセンター、行政窓口における特徴や対策の進め方を解説しています。それぞれの業態におけるマニュアル作成の参考としてください。

〔図表12　カスハラは一部の異常な顧客の言動〕

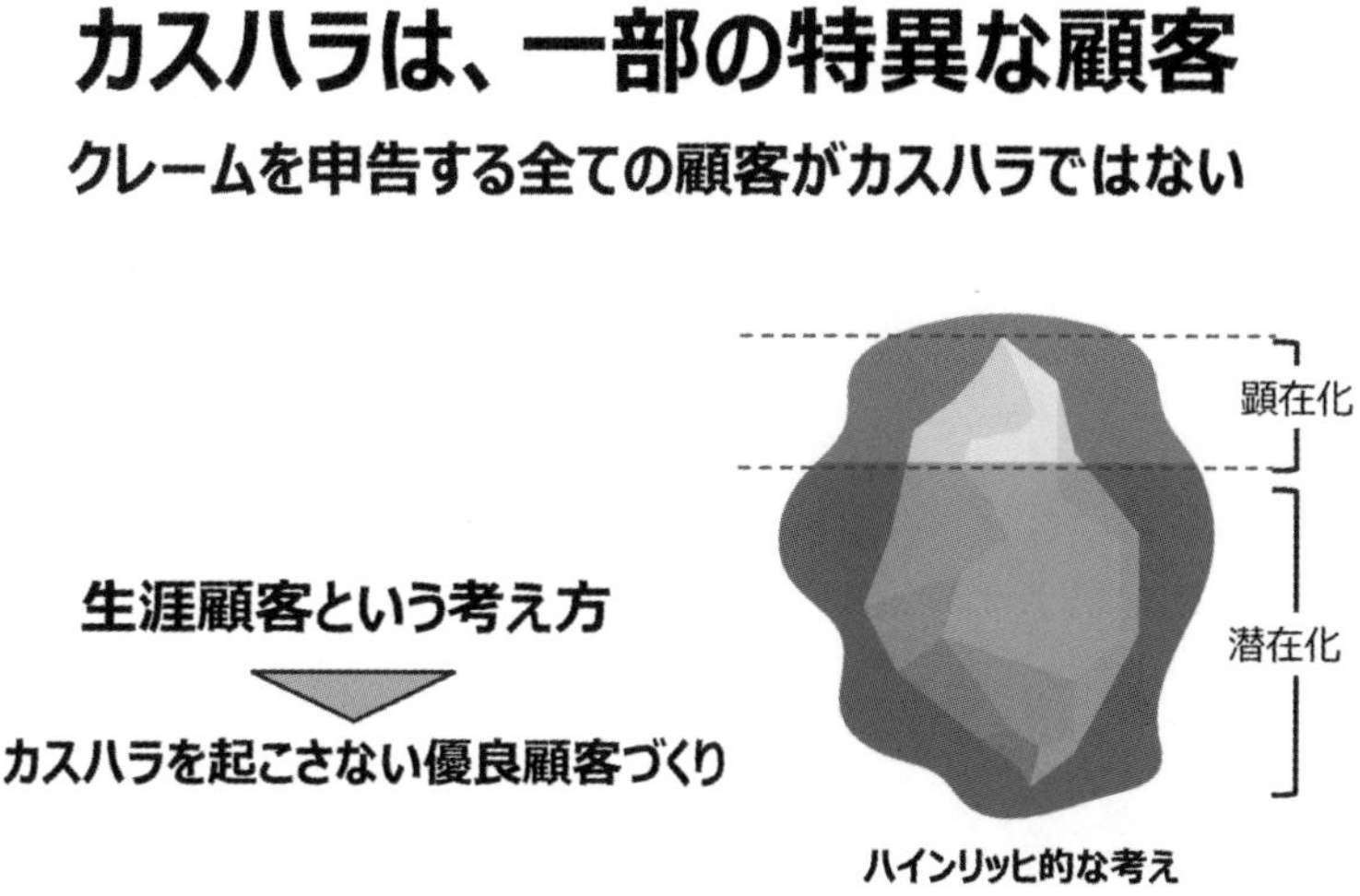
カスハラは、一部の特異な顧客
クレームを申告する全ての顧客がカスハラではない
生涯顧客という考え方
カスハラを起こさない優良顧客づくり
顕在化
潜在化
ハインリッヒ的な考え

コラム：従業員の声に耳を傾けるということ

実際に現場でクレーム対応している従業員へのメンタル面でのケアは欠かせません。現場のリーダー（店長などの責任者）は、対応したスタッフのストレスを軽減させるために、話せる環境をつくることも、マニュアルの作成と同じくらい大切であると認識しておくべきです。

欧米では「グループ・ディブリーフィング」という手法で、生死に直面するような業種（たとえば消防士、救急救命士や看護師など）の同僚が集まって体験したことを話すプログラムが実施されています。ある調査では即効性も期待されている手法の1つです。

とはいえ、難しいことを学ぶ必要や事前の準備や用意に時間をかける必要はありません。また、そこで解決策がでなくてもいいのです。スタッフの思いをみんなで受けとめてあげること（大変な思いをしているのはあなただけではないと感じてもらう）、辛かった思いをまわりの同僚に共有し、理解してもらうことで心が和らぐ効果がありあます。

現場のリーダーは、クレーム対応したスタッフが相談できる環境をつくることを心がけましょう。決して1人にはさせない、あなたのことはみんなが見守っている（1人ではない）と感じてもらうことが大切です。顧客のクレームは「商品・サービス」に向けられたものであって、クレームに対応したスタッフに向けられたものではないのです。

第3章：飲食業向けマニュアルの策定ポイント

飲食業は、直接的な顧客接点が多く、カスハラのリスクが高い業種の1つです。

本章では、飲食業特有のカスハラの特徴を理解し、効果的な対策を講じるためのマニュアル策定のポイントを解説します。

1　飲食業におけるカスハラの特徴

飲食店はクレームが発生しやすい

飲食店は顧客が店内での飲食やスタッフからのサービスを享受する形態であり、クレームが発生しやすい環境にあるといえます。たとえば、「料理の注文が遅い」、「料理の提供時間が後にきた客のほうが早い」など店内の運営面でのものから、「食べて体調を崩した」、「店内が不潔」など衛生面の指摘まで様々です。

事実関係をみていけば部分的な謝罪などで対処できるものもあるでしょう。しかし、「料理が不味いので金は払わない」などの主観的なクレームや完食した後に「期待外れ」として支払いを拒むなど、無銭飲食のようなクレーマーも存在します。最近では、悪質な嫌がらせ行為をスマホなどで撮影し、ＳＮＳで発信する行為も多く発生し、飲食店側も対処に苦慮する場面も多く見られます。

また、居酒屋などはアルコールが入ることで顧客間でのトラブルやスタッフへのセクハラまがいの行為も発生しやすいといえるでしょう。

ここでは、飲食業におけるカスハラ対策の特徴を紹介しましょう。

■アルコールが絡む

飲食業が他の業界と大きく異なるのは、アルコールを提供する場面が多いことが挙げられます。飲酒による判断力の低下や感情の高ぶりが、通常では起こりにくい言動につながります。

たとえば、普段は穏やかな顧客が、飲酒後に大声でスタッフを罵倒したり、身体接触を行ったりする不適切なケースが飲食業では想定されます。

■嗜好や体調への配慮

食事という個人の嗜好や体調に密接に関わるサービスを提供するため、クレームが発生しやすい環境ともいえます。

料理の味付けや温度、提供時間、アレルギー対応など、顧客の期待と実際のサービスにズレが生じやすく、これが悪質なクレームやカスハラにつながる可能性があります。

■時間

混雑時の待ち時間や料理の提供時間、席の配置など、様々な要因がストレスを生み出し、カスハラが発生することもあります。

特に、予約システムの不備や突発的な混雑による長時間の待ち時間は、顧客のイライラを引き起こし、スタッフへの攻撃的な態度につながりやすいといえるでしょう。

■経験の浅いスタッフ

飲食業はアルバイトやパートタイマーが多いことも特徴の1つで、経験の浅いスタッフがカスハラに遭遇するリスクが高くなります。接客経験が少ないスタッフは、難しい状況への対応力が不足しがちであり、顧客の要望に応えることができず、結果としてカスハラを生み出すことにもなるのです。また、最近では外国人スタッフが、アルバイトなどで働いているケースも少なくありません。言語や文化の問題で顧客とトラブルになることも考えられます。

これらの特徴を踏まえ、飲食業向けのカスハラ防止マニュアルの策定においては「アルコールが絡むトラブルへの対応」「食事に関するクレーム処理」「混雑時のストレス軽減策」「経験の浅いスタッフのサポート体制」などを重点的に考慮すべきでしょう。

アルコール提供の管理方針、食品アレルギー対応の手順、待ち時間の管理と顧客への情報提供方法、新人スタッフへのサポート体制などを詳細に記載しておくことが重要です。

2　飲食店におけるカスハラの状況

カスハラが増えている（飲食店の45％が）との調査結果

２０２４年9月、飲食店の出店・開業を支援する株式会社シンクロ・フードが運営する「飲食店ドットコム」会員を対象に行ったカスハラ対策の調査結果を発表しました。その調査内容は大変興味深いものになっています（回答数は３５７店で約7割の回答が1店舗のみの運営）。

この調査の中で「カスハラを受けたことがある」と回答した飲食店は55・７％に達しています。そのカスハラの内容については、「威圧的な言動」がトップとなり、次位が「接客に対する不当なクレーム」、「グルメサイト・SNSでの誹謗中傷・低評価」と続きます。

そして、「カスハラは増えていると感じるか？」という質問に対し、「非常に増えている」と回答したのが9・5％、「やや増えている」と回答したのが36・７％を占めています。つまり、程度の差はあれ、カスハラが増えていると感じている飲食店が約46％に達しています。

ところが、カスハラの対応マニュアルの作成についての質問に対しては84％もの飲食店が「作成していないし、予定もない」と回答しています。実は調査の中に「直近1年間でカスハラを受けた回数は？」という質問があり、トップの回答は「1～5回」、3位が「1年以内になかった」になっているのです。

1年を通して頻繁には起こらない上に、カスハラ行為があっても店の運営に大きな支障が出る大事に至らなかったということもあり、対応マニュアルをわざわざ作成する必要性を感じないということが挙げられるでしょう。

また、アルコールを提供するような居酒屋などでは、酔客が少し暴れるということはあり得ることと許容している部分も大きいと思います。そのような状況でマニュアルに沿った対応をすれば、逆に客の怒りを増幅させてしまう恐れもあるでしょう。マニュアル通りに対応するということが非常に難しい業態ともいえます。

とはいえ、カスハラが増えていると感じている飲食店も多く、現在の社会情勢を考えるとこのまま何も手を打たないことが得策になるともいえません。カスハラが起きやすい業態でありながら、実際の対策が難しいこともあり、なかなか手をつけられない経営者やオーナーも多いでしょう。

ここまですでに述べてきているように、カスハラは店舗運営に間違いなく悪影響を及ぼします。この調査の中でもカスハラの影響の質問に対し、「スタッフの体調・モチベーション悪化」について「大きな影響が出ている」「やや影響が出ている」と回答した飲食店が62％に達しています。

「カスハラ対応による業務時間圧迫」についても同様に48％が大きく影響もしくはやや影響が出ていると答えているのです（図表13参照）。

現状は多くの飲食店は、『なんとかこなしている』という状況だと思います。しかし、カスハラはいつ起こるかわかりませんし、どれだけの頻度で起こるかも予測できません。放置をすれば、人手不足が深刻になる中、スタッフが店を離れ、店の存続も危ぶまれる可能性もあります。

だからこそ、できる範囲で構わないので、いざというときのための準備を進めてもらいたいと思います。

〔図表13　飲食店におけるカスハラによる影響において「大きな影響が出ている」「やや影響が出ている」と回答した割合〕

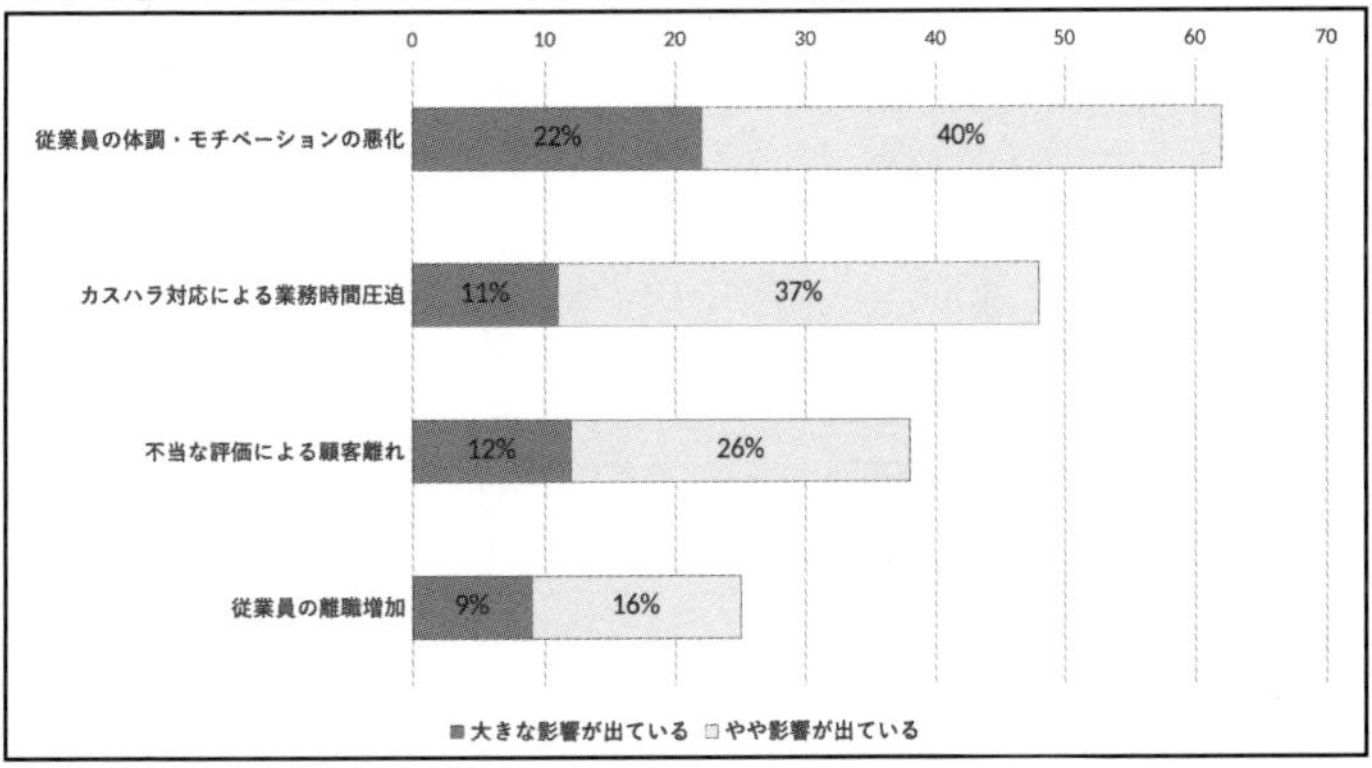

出所：株式会社シンクロ・フード「飲食店ドットコム」調べ

3　飲食業におけるカスハラ対応策を考える

冒頭でも述べたように、飲食業は他の業種・業態とは異なる特徴があります。だからこそ、カスハラ対応についても、その性質をよく考慮して講じていく必要があります。

飲食業におけるカスハラ対応の基本原則は次の3点です。

カスハラ対策の3原則

①「安全第一」
②「冷静な対応」
③「チームワーク」

これらの原則を全スタッフが理解し、実践することで、カスハラの予防と適切な対応が可能になります。では、それぞれの基本原則をここで説明していきましょう。

まず、「安全第一」の原則では、スタッフと他の顧客の安全を最優先に考えます。当たり前のことと思うかもしれませんが、カスハラ発生時は顧客もスタッフも冷静ではいられなくなります。だからこそ、この「安全第一」という原則が見落とされがちになるのです。

カスハラが発生した際は、まずスタッフ自身の安全確保を真っ先に考えなくてはなりません。次に他の顧客の安全を守ることが必要になります。

たとえば、店内で暴力的な行為や脅迫的な言動が発生した場合、スタッフに危害が及びそうなときは店長やマネージャーなどはただちに安全な場所に退避させ、併せて他の顧客にも被害が及ばないように誘導しなければなりません。必要に応じて警察や警備会社に連絡する体制を整えておくことが重要になります。

また、緊急時の動線や、緊急連絡先リストを全スタッフがすぐに確認できるようにしておくことも必要です。

次に「冷静な対応」の原則です。前出の通り、カスハラ発生時は誰もが冷静になれないものです。だからこそ、いざというときに冷静に行動できるよう事前の準備が求められるのです。カスハラ対応は感情的にならず、プロフェッショナルな態度を保つことが必要です。

状況によっては冷静さを保つことが難しい場合もあるでしょう。特に経験の浅いアルバイトの方などは、どうしてよいかわからずパニックに陥ることもあると思います。いざというときは深呼吸をして落ち着かせるなど、自身の感情をコントロールする技術をベテランスタッフなどが指導してあげることも大切です。

相手の話をしっかりと傾聴し、場合によっては共感的な態度を示すことで状況の悪化を防ぐことができます。たとえば、「お客様のお気持ちはよくわかります」「ご不快な思いをさせてしまい、申し訳ございません」といった言葉を使いながら、相手の感情を受け止める対応が求められます。

最後に「チームワーク」の原則です。カスハラ発生時には1人で対応を続けず、他のスタッフや店長などに協力を仰ぐようにします。カスハラは対峙しているスタッフとの対応が長引けば長引くほど、感情的になり、事態が悪化します。そこに他のスタッフや店長が入り、状況を変えてあげることができれば、顧客の感情も落ち着きを取り戻し、最悪の事態を回避することができるでしょう。

経験の浅いスタッフがカスハラに遭遇した場合、速やかにベテランスタッフや管理者がサポートに入れる体制を整えておく必要があります。スタッフもそのことを理解して動いてもらうためには、基本ルールとして定めておくべきです。

居酒屋などの場合、カスハラ行為が発生した際は、アルバイトスタッフが対応するのを禁じ、必ず店長に報告することを義務づけるなど一定のルール化が必要です。

これらの基本原則を、アルバイトを含めた全スタッフが理解し、実践できることがなによりも大切なことです。そのためにも、月に1度はカスハラ対応のミーティングを実施したり、実際の場面を想定した対応を練習しておくと効果的です。

これらの原則をポスターにして店舗内でスタッフが確認することができる場所に掲示したり、ポケットサイズのカードにして、スタッフに配布しておくことも効果的でしょう。

4 顧客へのメッセージでカスハラを未然に防ぐ

カスハラ対応方針等を店内で周知する

前項では飲食業におけるカスハラ対策の流れを解説しましたが、店舗面積や業態も様々であり、なかなかその通りに実行に移すのは難しいかもしれません。その場合、まず予防策から講じてみるのもよいかもしれません。

たとえば、来店する顧客にカスハラに対する店側の対応方針や考え方を事前に伝えておくことは、カスハラを未然に防ぐ抑止力になり得ます。来店した顧客にそのことを理解してもらうことで、カスハラ行為に及ぶ顧客が思いとどまるケースもあるでしょう。「当店は、お客様とスタッフが互いに尊重し合える空間を目指しています。皆様のご理解とご協力をお願いいたします」といったメッセージを、店舗入り口や各テーブルに掲示しておきます。

次に、具体的な禁止事項を明記します。「暴言・暴力行為の禁止」「セクハラ行為の禁止」「過度な要求の禁止」などを具体的に示します。これらの禁止事項は、単に列挙するだけでなく、具体的な例を挙げて説明することが重要です。

たとえば、「スタッフへの暴言や脅迫的な言動」「スタッフへの不適切な身体接触」「営業時間外のサービス要求」などの具体例を示すことで、顧客の理解を促すことができます。また、これらの行為があった場合の対応（退店要請や警察への通報など）も明記しておくことが重要です。「上記の行為が確認された場合、やむを得ず退店をお願いする場合がございます。また、悪質な場合は警察に通報させていただくことがございます」といった文言を加えることで、違反した際の店側の対応を明確に伝えることができます。

アルコールを提供する店舗であれば、「泥酔状態の方への酒類提供の中止」「飲酒運転防止のための取り組み」などを明確にしておくべきでしょう。具体的には、「過度な飲酒が見られる場合、お客様の安全のため、酒類の提供を控えさせていただく場合がございます」や「お車でお越しのお客様への酒類提供はお断りしております」といった内容を盛り込みます。

先に述べたように、飲食業は料理に関するクレームからカスハラに至るケースも少なくありません。食品アレルギーに関する注意事項として「アレルギーをお持ちのお客様は、必ず事前にスタッフにお申し出ください」「アレルギー対応には最善を尽くしますが、完全な除去を保証するものではありません」といった内容を加えておくことで、アレルギーに関するトラブルを未然に防ぐことにつながります。

　これらのメッセージを、メニューや店内掲示（図表14）、ウェブサイトなど、様々な媒体を通じて顧客に周知するようにしましょう。たとえば、メニューの最初のページに要約を記載したり、テーブルに小さなカードを置くなど、顧客の目に触れやすい形で情報を提供することが効果的です。

〔図表14　店内に掲示するカスハラ防止ポスターの例〕

　このメッセージの内容や表現方法は、定期的に見直し、必要に応じて改訂するようにしましょう。社会情勢の変化や、実際に発生したトラブルの内容を踏まえて、より効果的なメッセージに更新していくことが大切です。

5　クレーム発生時のマニュアル活用法

いざというときスタッフが確認する4項目

クレームが発生した際の初期対応は、状況の悪化を防ぐ上で極めて重要です。その際に大きな役割を果たすのが対策マニュアルです。この初期対応時にマニュアルを効果的に活用するには、スタッフはもちろんのこと、アルバイトなどにもしっかりとマニュアルの確認を周知しておくことが必要です。適切なマニュアル活用により、スタッフは自信を持って対応し、問題の早期解決につなげることができます。

まず、マニュアルの内容を日頃から熟知しておくことが重要です。緊急時にはマニュアルを読み返している余裕はないため、基本的な対応手順や注意点は、開店前や閉店時に店長やマネージャーなどがマニュアルの確認を各スタッフに促すなどの働きかけが必要です。

マニュアルは可能であれば、コンパクトにまとめたポケットサイズのものを作成し、常に携帯させることも効果的です。

緊急時に確認が必要な重要ポイントや連絡先などを、すぐに確認できるからです。ポケットサイズにまとめるのが難しい場合は、店内の厨房入口や控室など顧客から目の届かない場所に、必要な情報をまとめ貼付しておけばよいでしょう。

スタッフがいざというときに確認すべき情報は次の４項目になります（図表15参照）。

① トラブル発生時の対応基本手順
② 店長やマネージャーへの報告・連絡
③ 警察への通報基準と連絡先
④ よくあるクレームへの対応例

マニュアルについては、現場からのフィードバックを積極的に取り入れ、より実践的で効果的なマニュアルに改善していくことが必要になります。月に一度のスタッフミーティングなどで、マニュアルの使用状況や改善点について意見を出してもらうのもよいでしょう。

複数の店舗で対策を講じる場合などは、店長やマネージャーが定期的に店舗を巡回し、スタッフのマニュアル活用状況や改善点などを確認するなどの取組も大切です。

マニュアルを作成しただけでは、カスハラ対策の効果は期待できません。実際の現場で活きる実践的なツールとするためにも、現場の実態に合わせたマニュアルを目指すようにしましょう。

〔図表15　マニュアルにまとめておく4項目の例〕

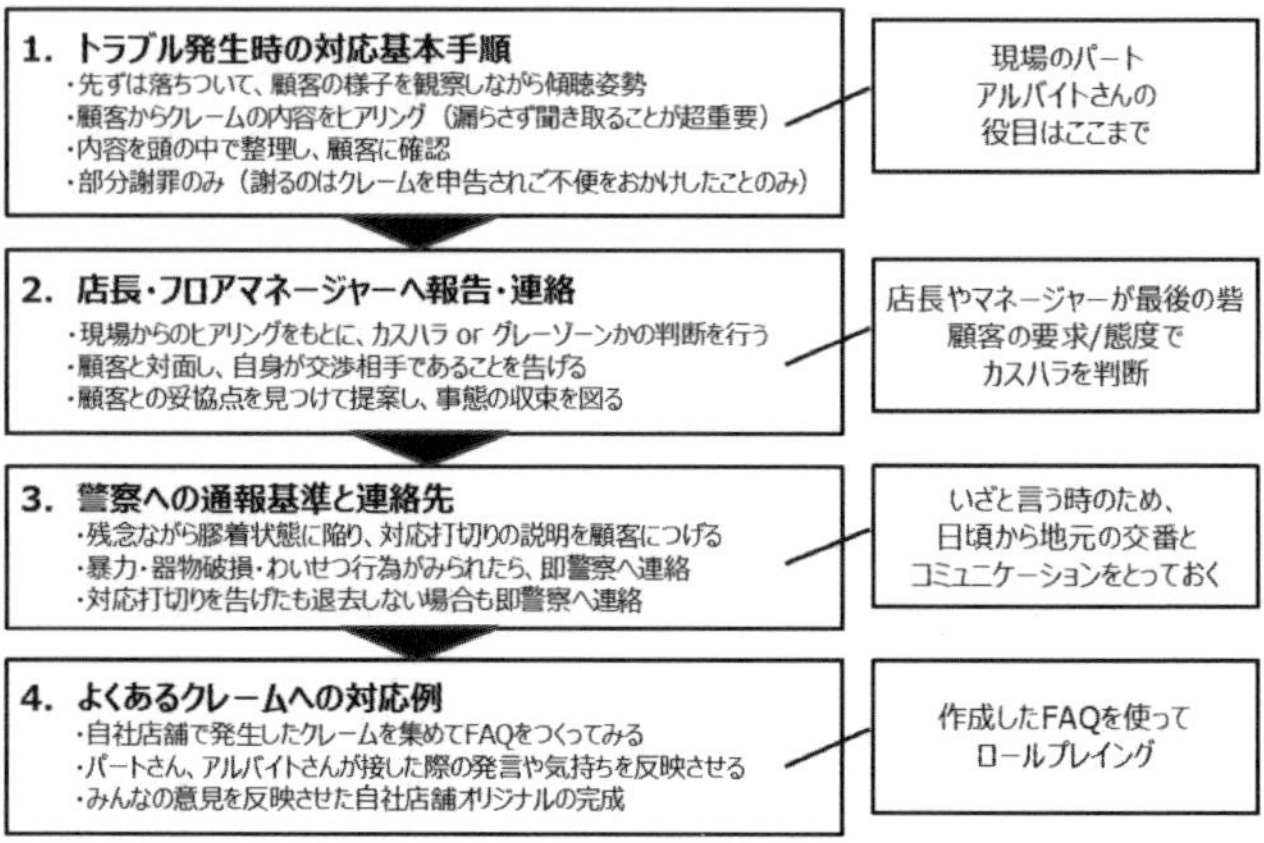
1. トラブル発生時の対応基本手順
・先ずは落ちついて、顧客の様子を観察しながら傾聴姿勢
・顧客からクレームの内容をヒアリング（漏らさず聞き取ることが超重要）
・内容を頭の中で整理し、顧客に確認
・部分謝罪のみ（謝るのはクレームを申告されご不便をおかけしたことのみ）
現場のパート
アルバイトさんの
役目はここまで
2. 店長・フロアマネージャーへ報告・連絡
・現場からのヒアリングをもとに、カスハラ or グレーゾーンかの判断を行う
・顧客と対面し、自身が交渉相手であることを告げる
・顧客との妥協点を見つけて提案し、事態の収束を図る
店長やマネージャーが最後の砦
顧客の要求/態度で
カスハラを判断
3. 警察への通報基準と連絡先
・残念ながら膠着状態に陥り、対応打切りの説明を顧客につげる
・暴力・器物破損・わいせつ行為がみられたら、即警察へ連絡
・対応打切りを告げたも退去しない場合も即警察へ連絡
いざと言う時のため、
日頃から地元の交番と
コミュニケーションをとっておく
4. よくあるクレームへの対応例
・自社店舗で発生したクレームを集めてFAQをつくってみる
・パートさん、アルバイトさんが接した際の発言や気持ちを反映させる
・みんなの意見を反映させた自社店舗オリジナルの完成
作成したFAQを使って
ロールプレイング

6　顧客の声がカスハラ防止に役立つ

カスハラのリスク低減のため顧客の声を聞く

顧客の声は店舗経営において重要な役割を果たします。逆に、顧客の声を聞かず、唯我独尊で店舗運営を進めていけば、いつしか誰もその店に足を運ばなくなるでしょう。

大切なのは顧客満足度を向上するために、店側がどのような取組に力を傾けるのかという指針を知ることです。その気づきを与えてくれるのが顧客からの声なのです。顧客の声に耳を傾ける姿勢は顧客との良好な関係を構築することにつながります。

カスハラは顧客とのちょっとした軋轢から生まれるケースが少なくありません。つまり、顧客の声を聞く姿勢こそが、カスハラのリスクを低減させる方法ともいえます。

顧客の声を聞くためには様々な手法が考えられます。常連客であれば、遠慮なく忌憚ない意見を伝えてくれるかもしれません。しかし、そうではない顧客は黙ったまま2度と来店しないか、対応に腹を立てクレームやときにはカスハラに至る事態を引き起こしかねません。

たとえば、店内にアンケート回収ボックスを設置し、顧客が気軽に意見や要望を投函できるようにすることなども1つの方法です。アンケート回収ボックスは、店舗の出口付近など、顧客の目につきやすい場所に設置します。次のような項目を気軽に書き込めるように用紙を作成しておくのです。

・全体的な満足度（5段階評価など）
・料理の味・品質に関する評価
・サービスの質に関する評価
・店舗の雰囲気・清潔さに関する評価
・スタッフの対応に関する評価
・改善してほしい点（自由記述）
・特によかった点（自由記述）

匿名での投函も可能にすることで、より率直な意見を集めることができるでしょう。

次に、レシートやテーブルに記載された2次元バーコードを通じて、オンラインアンケートに誘導する方法も有効です（図表16）。特に若い年代の顧客にとって、スマートフォンで簡単に回答できる手法は多くの声を集めることができるでしょう。

このオンラインアンケートは、回答データを自動的に集計・分析できることが最大のメリットです。これにより、店舗ごとの分析も可能ですので、対策を講じやすくなります。

〔図表 16　オンラインアンケートの仕組み〕

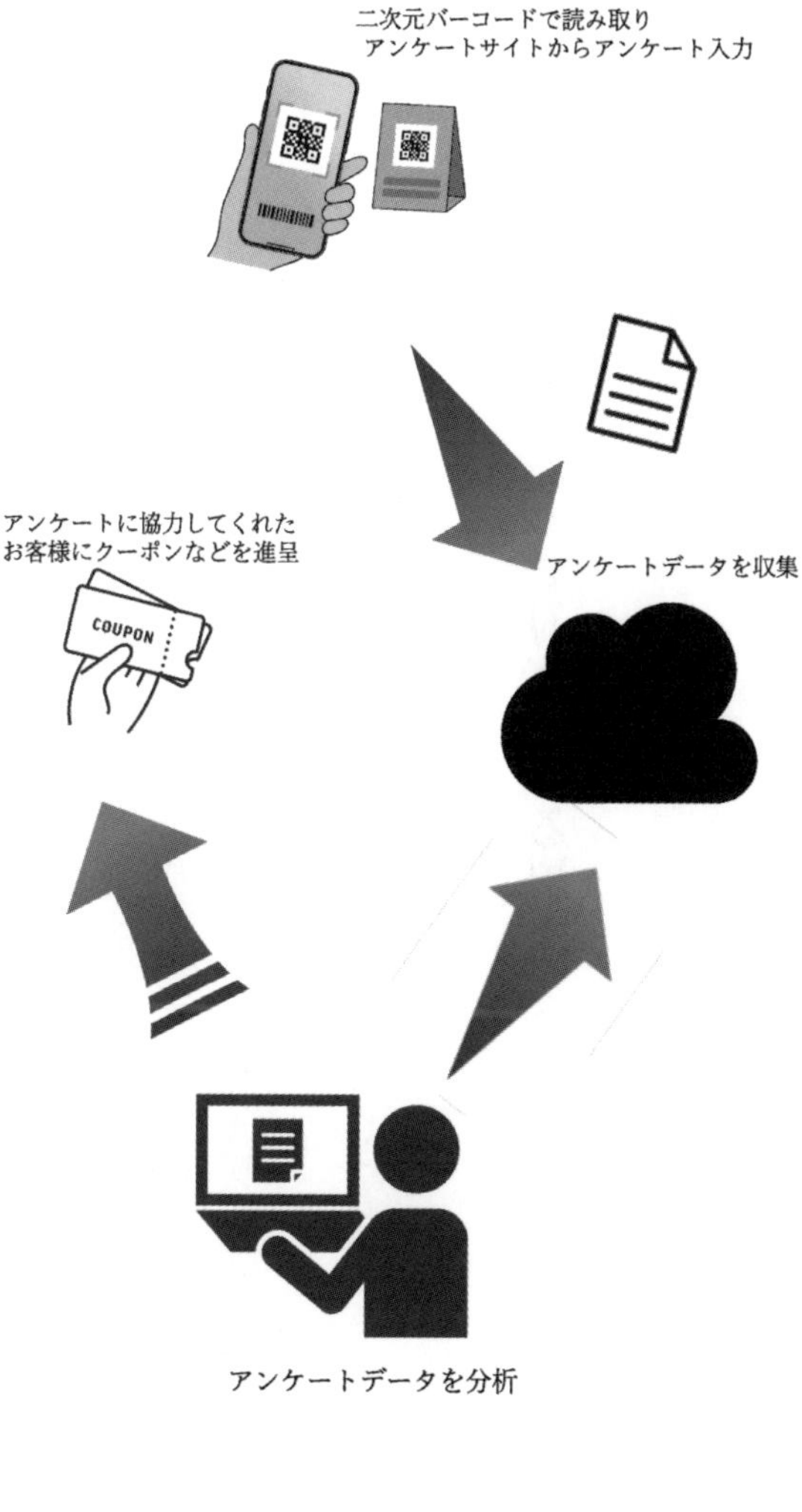

最後にSNSも現在は重要な顧客の声を集めることのできる場であることも認識しておくべきでしょう。店舗の公式アカウントへの投稿やメンション、関連ハッシュタグの使用状況などを定期的にチェックし、顧客の声を確認することが可能です。

このように集めた顧客の声を店舗の改善につなげていきます。顧客の声の中にはカスハラの遠因ともなる重要なポイントが含まれているかもしれません。たとえば、スタッフの対応や料理に対する指摘などです。これらを「単なる個人の感想」と捉えず、改めて自分たちの仕事を見直す機会とすべきでしょう。

顧客の声には、顧客満足度を向上させ、カスハラを未然に防止するという貴重なヒントが潜んでいます。

7　スタッフが一丸となって対応できる風土づくり

飲食店などでカスハラが発生した場合の対応は、他の顧客への影響度合いを常に気をかけておく必要があります。楽しく食事をしている中で、大声で罵声をあげたり、暴力行為などが起これば、被害は店内の顧客全体に及びます。

そのため、スタッフに危害が及ぶと判断した際は店長やマネージャーはすぐさま駆けつけ、スタッフを安全な場所へ避難させます。そして、トラブルが発生している場所の周辺は他の顧客が近づかないようにします。店内であれば、周辺の顧客を別の席への移動を案内したりし、配慮を行います。もちろん、状況に応じて、他の顧客に簡単な説明と謝罪を行います。

もし、トラブルの直接的な影響や被害を受けた顧客がいれば、適切な補償（割引や無料サービスなど）を提供するなどの対応も必要になるでしょう。なによりも、トラブルの影響を極小化し、店舗全体の雰囲気を維持することが求められます。

このような対応を迅速に行うには、やはり店内のスタッフが対策マニュアルを理解し、1つのチームとして動くことが重要になります。カスハラ発生時はスタッフや顧客に対して迅速な判断と対応が不可欠です。

とはいえ、飲食業のスタッフはアルバイトもいればパートタイマーもいます。年齢も様々である場合も多く、なにより事前の研修やトレーニングを実施する時間もありません。そのような環境において最も重要なのは、日々の現場における経験則です。

たとえば、小さなトラブルが発生し、運よく大きな問題に発展しなかった場合においても、関係したスタッフ全員で当時の状況を共有することで、今後の対応策に生かしていくことができます。

飲食業における店長やマネージャーが考えるべきは、この現場の経験則を生かしたサイクルを店内にいかに根づかせるかということです。些細なトラブルも店長およびマネージャーなどへの報告をしっかり定着させておけば、その内容を加味した対策マニュアルを策定することも可能です。そして、現場からの報告と振り返りの作業により、カスハラへの対策もあなたの店舗の現場に即した、より実践的なものになるでしょう。

些細なトラブルが後々の大きなトラブルに発展することは十分に考えられます。店長とスタッフ間においてそのような報告・相談がしやすい風土をつくりあげておくことも飲食業におけるカスハラ対策に不可欠な要素です。

トラブルが発生した場合は閉店後でも構いませんので、次のようなポイントに沿って関係したスタッフで話し合いの場を持つようにしましょう。

・時系列での出来事の整理
・各スタッフの対応内容の確認
・よかった点、改善すべき点の洗い出し
・再発防止策の検討
・必要に応じたマニュアル見直しのポイント

ここで出た意見を参考にして、すでに策定している対策マニュアルに生かしていきます。

第4章：小売業向けマニュアルの策定ポイント

雑貨店や総菜店、コンビニ、スーパーなど街で頻繁に利用する小売店。この小売業は、日々多くの顧客と直接的な接点を持つ業種であり、カスハラ発生のリスクが高い分野の1つです。

本章では、小売店特有のカスハラの特徴を理解し、効果的な対策を講じるためのマニュアル策定のポイントを解説します。

1　小売店におけるカスハラの特徴

カスハラが起こりやすい小売店

小売店は他の業種と比べると、カスハラが起こりやすい明確な特徴があります。その特徴を紹介しましょう。

■多様な顧客層

まず、多様な顧客層が挙げられます。小売店は幅広い年齢層や背景を持つ顧客が訪れるため、様々な形のカスハラが発生する可能性があります。たとえば、高齢者による理解不足からのクレーム、若者によるＳＮＳを使った誹謗中傷、外国人観光客とのコミュニケーション問題など、多岐にわたる課題に直面する可能性があります。

■商品に関するトラブル

次に、商品に関するトラブルが多いことが特徴です。商品の品質、価格、在庫状況などに関するトラブルが多く発生します。

商品の不良や期限切れ、価格表示の誤り、在庫切れなどが顧客の不満やクレームにつながることがあります。これらのトラブルがカスハラを引き起こす恐れがあります。

■レジでのトラブル

レジでのトラブルも小売店特有の問題です。会計時における金銭の授受に関する誤解、クーポンや割引の適用ミス、レジ待ちの長さなどが原因となります。

特に混雑時には、顧客のストレスが高まりやすく、カスハラのリスクが増大します。レジでのトラブルは他の顧客への影響も大きいため注意が必要です。

■返品・交換

返品・交換に関するトラブルも頻発します。返品や交換の要求が過度になったり、店舗のポリシーと顧客の期待にギャップがあったりすることで、カスハラにつながるケースがあります。

顧客の「お客様は神様です」という意識と、店舗の経営方針との間で軋轢が生じやすい領域です。

■季節や時間帯

季節や時間帯による変動も小売店に見られる特徴の1つです。セール時期や休日、夕方のラッシュ時など、混雑する時期や時間帯にカスハラのリスクが高まる傾向があります。

これらの繁忙期には、スタッフの負担も増大し、適切な対応が難しくなることも考えられます。

■スタッフの経験不足

接客スタッフの経験不足も課題となります。アルバイトやパートタイムスタッフが多い小売業では、経験不足による不適切な対応がカスハラを誘発する可能性があります。また、飲食業と共に外国人スタッフの比率が高いのも小売業の特徴の1つです。

特に、複雑なクレーム対応や難しい顧客への対応など、高度なスキルが要求される場面で問題が生じやすくなります。

以上の特徴を踏まえ、小売店向けのカスハラ防止マニュアルでは、多様な顧客層への対応、商品やサービスに関するトラブル対応、レジや返品・交換時の対応、混雑時の対策、スタッフ教育などに重点を置く必要があります。

2　カスハラが多発する小売店の実態

対面接客と個人顧客が対象となる点

社内規程管理クラウドの企業向けサービス「KiteRa Biz（キテラビズ）」と社労士向けサービス「KiteRa Pro（キテラプロ）」を展開する株式会社 KiteRa は２０２４年６月にカスハラ調査を発表しました。

この調査は男女20代以上、約６００人に調査を行ったものです。この調査において「カスハラが発生している場面を目撃したことがありますか？」という質問に対し、スーパーや百貨店などの小売店でのカスハラ目撃が最多の59・５％を占めました。次位の飲食店が32・２％であったことを考えると、小売店でのカスハラ発生は第三者が目撃するだけでも多発していることがわかります。

同じく帝国データバンクも２０２４年7月にカスハラに関する調査結果を発表しています（有効回答数：１万１０６８社）。この中で、「直近1年以内にカスハラを受けたことがあるか」という質問に対し、業界別に見るとトップが34・１％で小売業界でした。

また、企業の危機管理を総合的に支援する株式会社エス・ピー・ネットワークが

2023年8月に発表した「カスタマーハラスメント実態調査（2023年）」においては、カスハラを受けたことがある人の中で卸売・小売業（百貨店・スーパー・コンビニ）などでは回答者の半数以上が「執拗な（しつこい）言動」や「威圧的な言動（大声を出すなど）」を受けたと回答しています。

このような各社の調査結果を見ても、小売業はカスハラの被害に遭いやすいといえます。その背景には飲食業と同じく、対面での接客が中心で、個人顧客を対象にしているという共通点があるでしょう。

小売といっても、業態は様々です。商店街の雑貨店や衣料店などもあれば、地域のスーパーや都心にある百貨店も小売業です。日頃よく利用するコンビニも該当します。特にスーパーやコンビニは日用品を中心に販売しており、利用する顧客も地域の方々から遠方からたまたま買い物に訪れた人まで多様です。

そのような状況の中、小売店側にも特殊な事情があります。飲食店同様、アルバイトやパートタイマーの経験浅いスタッフが従事しているケースが多く、コンビニなどでは外国人スタッフも珍しい光景ではありません。

このような店舗事情を抱えながら、カスハラに対応していくには、事前の準備と即座に対応できる体制の整備が常に求められるでしょう。

小売業は店舗面積なども業態により様々ですし、雇用するスタッフ数も大きく異なります。そのような環境だからこそ、スタッフ間の連携やＩＴを活用した防犯カメラの設置など効果的な対策を講じることが可能です。さらに、小売店の強みは地域密着のビジネスといえます。地域の方々との交流を深めることで、カスハラなどトラブルを未然に防止する施策を打ち出すことも考えられるでしょう。

3　小売店における顧客対応の基本方針

妥当性のない要求で理解を得られないときはカスハラ対応へ移行

小売店は大別するとスーパー、コンビニエンスストア、専門店で構成されています。ここでは中小規模もしくは地元のスーパーや製造販売・卸売型、衣料・物販を対象にして説明しましょう。

そもそもなぜクレームは発生するのか？　それは顧客が購入・体験した商品・サービスの期待値と現実の商品・サービスとの乖離（ギャップ）により生じているのです。期待値とはブランド力やメーカー・販売店への信頼、商品・サービスの安全であり、ギャップとは過度の期待や勘違い、自分勝手な解釈になります。その結果、自身の損得勘定で行動し、カスハラに至るケースが多いわけです。

小売業におけるクレームは主に、商品（モノ）と接客（スタッフ）、そして店内（設備）にかかることに分けることができます。商品のクレームは、顧客が購入した商品・サービスに何らかの不具合が生じて（故障・破損・腐敗・不良品等）いるので、購入商品の交換や返金が基本となります。

カスハラの判断で見ると、重要なのは「要求」の妥当性であり、対応としては「現地・現物・現実」の三現主義で事実を確認すればよく、比較的にわかりやすいのです。

商品の不備や不良箇所を互いに確認できなければ成立しません。少額だからといって、現物を見ずに顧客の返金要求に応じることは、金銭要求を目的とする利得型カスハラを蔓延させてしまうことにつながります。

店内（設備）に関しては、たとえば「カートで怪我をした」「店舗内が（エアコンの故障で）暑い、逆に寒い」であったり、商品の欠品など、店側もやむを得ないケースが多いのが特徴です。

このようなクレームの場合、たとえば、顧客が被った損害が本当に店舗側の設備不良なのか、単なる顧客の不注意なのかの判断を対応スタッフや店長などはエビデンスをもとに判断することになります。

一方、接客（スタッフ）に起因したクレームのほうは根が深いといえるでしょう。この場合、顧客が経済的な損失を被っていないことが多く、スタッフの何らかの言動が顧客の感情を刺激し、それを異常な捉え方をすることによって発生するのです。感情が激昂した状態になるため、解決が難航する場合が多くなります。

「対応・態度が悪い」「口のきき方が気にいらない」「あの店員をクビにしろ」などの発言が飛び出し、また顧客の要求や様態が常識から外れていることも少なくありません。

この場合、周囲の顧客への影響も留意して対応しなければならず、対応スタッフは追い込まれた状態になります。当事者だけでは埒があかないので店長やマネージャーなど役職上位者がタイミングよく対応を引き継ぐことが大切です。顧客との対応が長引けば長引くほど、事態は悪化し、収拾がつかなくなります。

スーパーのように売り場面積が広い場合、カスハラを受けているスタッフが孤立して対応しているケースをよく見ます。これが最も避けねばならないケースであり、常にカスハラ発生時にどのような対応をすべきかを店長やマネージャー、そしてスタッフなども事前に把握しておかなければなりません。

スタッフに非があれば謝罪を行うべきですが、妥当性のない要求ばかりで理解を得られない場合は毅然とカスハラ対応へ移行すべきでしょう。

4　トラブルの多いレジ係の初期対応マニュアル

カスハラ発生のリスクが高いレジ係は初期対応が重要

レジ係は顧客と直接接する機会が多く、小売店におけるカスハラ発生のリスクも高いため、初期対応が極めて重要です。そのため、初期対応マニュアル（図表17）を作成し、いざというときのために備えておく必要があるでしょう。

レジ係の初期対応マニュアルには次のような項目を盛り込みます。それぞれの店舗で規模やスタッフの年齢層などが異なると思います。自分たちの店舗の実状に合わせてアレンジしてみてください。

ステップ①：傾聴について

顧客の話を遮ることなく、注意深く聞きます。うなずきや相づちを適切に入れ、顧客の話を真剣に聞いていることを示します。顧客の言葉の裏にある真の要求や感情を理解することが、適切な対応につながります。共感の表現も重要です。「お客様のお気持ち、よくわかります」など、顧客の感情に共感する言葉を使います。

〔図表 17　レジ係が活用する初期対応マニュアルの例〕

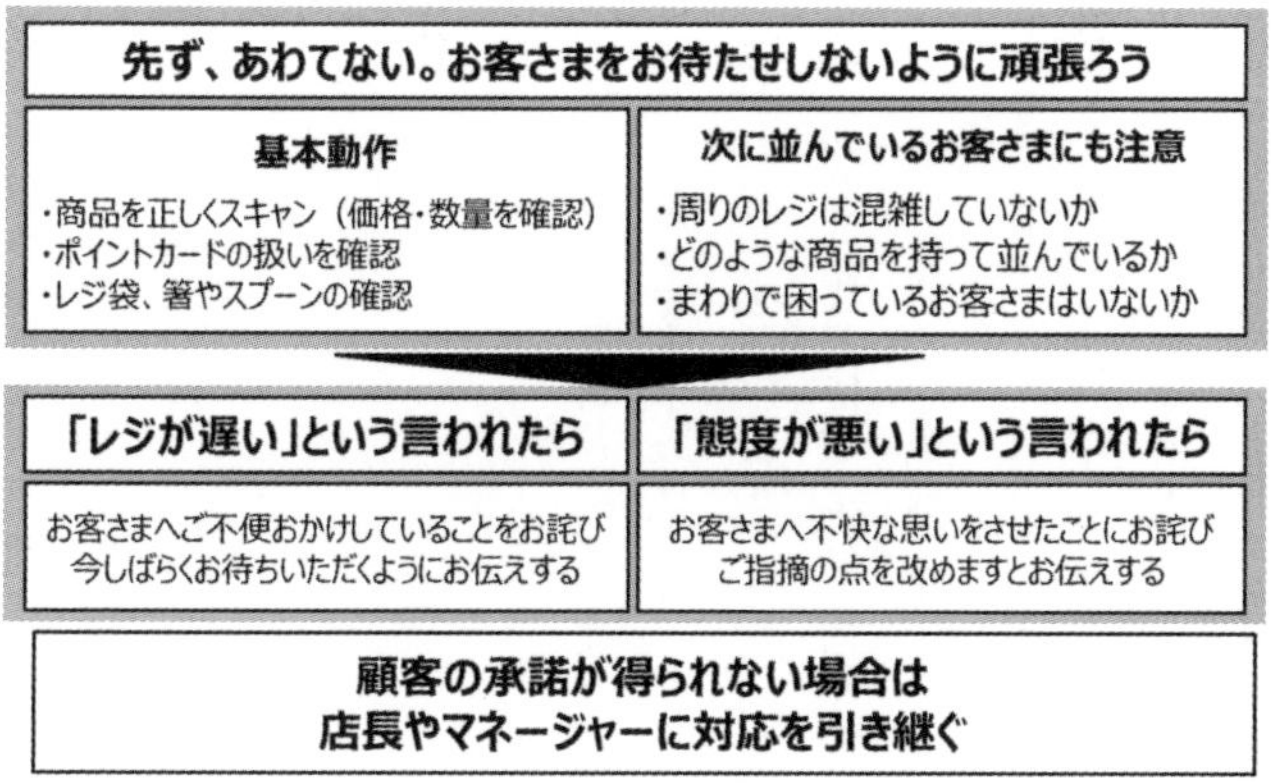
先ず、あわてない。お客さまをお待たせしないように頑張ろう
基本動作
・商品を正しくスキャン（価格・数量を確認）
・ポイントカードの扱いを確認
・レジ袋、箸やスプーンの確認
次に並んでいるお客さまにも注意
・周りのレジは混雑していないか
・どのような商品を持って並んでいるか
・まわりで困っているお客さまはいないか
「レジが遅い」という言われたら
お客さまへご不便おかけしていることをお詫び
今しばらくお待ちいただくようにお伝えする
「態度が悪い」という言われたら
お客さまへ不快な思いをさせたことにお詫び
ご指摘の点を改めますとお伝えする
顧客の承諾が得られない場合は
店長やマネージャーに対応を引き継ぐ

ただし、過度な同意は避け、適切な距離感を保つことが大切です。特にレジが混雑しているときなどは焦りがつのります。そのため、冷静さを保てなくなり、相手の話を聞かずに遮って対処しようとするケースが多くなります。しかし、それは逆効果であり、事態を悪化させることになります。

ステップ②：問題の明確化

問題の明確化も初期対応の重要なステップです。「失礼ですが、○○ということでしょうか？」など、問題点を明確にするための質問をします。曖昧な理解のまま対応を進めると、誤解が生じ、問題が拡大する可能性があります。

必要に応じて謝罪し、状況の説明を行います。ただし、過度な謝罪は避けましょう。全面謝罪ではなく、部分謝罪（問題点などに限定して謝罪）を使いながら、事実関係を正確に把握し、適切な謝罪と説明を行うことが重要です。

ステップ③：解決策の提案

問題が明確化できたならば、解決策の提案を行います。顧客の要求に応えられない場合でも、代替案を提示するなど、建設的な対応を心がけます。

ただし、店舗のポリシーや法令に反する提案は避けるべきです。自身で対応できないと判断した場合は、速やかに店長やマネージャーなどに判断を仰ぐようにしましょう。

ステップ④：トラブルが長引く場合

トラブルが長引く場合は、他の顧客への配慮も忘れずに行います。他のレジ係に応援を求め、レジ対応をスムーズに進めるように行動しなくてはなりません。長時間の対応が必要な場合は、別の場所で対応することも検討します。

ステップ⑤：顧客が暴力行為や脅迫行為を行った場合

まず、レジ係は1人で対応せず、店長やマネージャーへ連絡することを優先します。その上で、必要に応じて警備員や警察に協力を要請します。スタッフや他の顧客の安全が何よりも重要であることを常に意識しましょう。

このような項目をマニュアルとして整備し、レジ係の方々に配布しておくことが必要です。場合によってはレジ付近に掲示したり、店内で定期的に勉強会を開催しておくことで、いざというときにレジ係の方々が冷静に対応できるようにしておくことが大切なことです。レジ係はアルバイトやパートタイマーなども多いでしょう。

カスハラ防止は職場環境の改善につながる施策であることを伝えたうえで、マニュアルの順守について理解をしてもらうようにしましょう。

5　店内放送やカメラ設置を活用したカスハラ防止策

被害の軽減やトラブルの未然防止につなげる

スーパーなど売り場面積が比較的大きな場合、店内放送を使用しているケースも多いでしょう。この店内放送は、カスハラ防止のための効果的なツールとなり得るのです。適切に活用することで、顧客の意識向上やトラブルの未然防止につながります。ここでは店内放送の活用方法を紹介します。

■注意喚起

定期的な注意喚起を店内放送で行います。たとえば、「当店ではお客様とスタッフが互いに尊重し合える環境づくりに努めています。ご協力をお願いいたします」といった内容を、定期的に放送します。

店舗の方針を音声で伝えることで、カスハラ行為の抑止力としての効果が期待できます。

■混雑時の案内

混雑時の案内も効果的です。「ただいまレジが混雑しております。ご不便をおかけして申し訳ございませんが、しばらくお待ちください」など、待ち時間によるストレスを軽減するための案内を行います。

また、待ち時間の目安を伝えることで、顧客の不安や焦りを軽減することもできるでしょう。

■マナーの啓発

店内放送はマナーの啓発にも役立ちます。「お会計の際は、レジ係の指示に従ってお並びください」「店内でのお呼び出しはご遠慮ください」など、具体的なマナーの呼びかけを行います。

■緊急時の対応

トラブルが発生した際の緊急時対応として活用も効果が見込めます。カスハラなどである箇所でトラブルが発生した場合、顧客への伝え方（文言等を含めどこまで言及するか）は充分に配慮する必要はありますが、状況を説明し、他の顧客の理解を求めます。

透明性を保つことで、他の顧客の不要な不安や憶測を防ぐことができます。

このように店内放送は広い売り場などで顧客に状況を正確に伝達することができます。それが、顧客の焦りや不安を解消し、クレームからカスハラに至ることを防いでくれる役割を果たしてくれるのです。

この店内放送に関しては、昨今の社会情勢に適応するよう多言語対応も検討していくべき要素の1つです。外国人観光客が多い地域では英語だけでなく中国語や韓国語も含め案内ができれば、言葉の壁によるトラブルも防止できますし、スタッフが対応に追われ時間を無駄に費やすこともありません。

そして、店内放送はスタッフへの伝達手段としても機能します。トラブルが発生した際に対応を要請することができます。トラブルを大きくしないうちにスタッフがチームとして対処する際に効果的です。

店内放送など使用しない小規模な店舗の場合、混雑時などはスタッフが直接、顧客に声をかけながら、店内が殺伐とした雰囲気にならないよう心がけるようにしましょう。

顧客からよく見える場所に注意事項やマナーの啓発などをポスター掲示するなど可能です。

一方、スタッフ間の意思の疎通は比較的迅速に行えますので、店長やマネージャーは日頃からスタッフ間の円滑なコミュニケーションが図ることのできる職場環境をつくりだすことに力を注ぐべきでしょう。

また、カメラの設置もカスハラへ対する抑止力になり得るものです。カメラが設置されていることで、顧客は一線を越えた言動を控えることも考えられます。

小売業ではありませんが、タクシー業界などでは車内にカメラを設置することでカスハラ被害が減少しているという話もよく聞きます。

カメラ設置で気をつけるべきはプライバシーの問題です。不特定多数の顧客の録画を行うので、取り扱いについては設置の規模にかかわらず、配慮が必要です。たとえば、カメラを設置していることをポスター等で掲示するなどの対応が考えられます。カメラ設置については一般化しており、顧客側の抵抗感は低いと思われます。

6　クレームが発生したというとき

クレーム対応は迅速かつ適切に行うことがポイント

小売店でのクレーム対応は、迅速かつ適切に行うことが重要です。次に、クレーム対応の基本的な流れのプロセスを示します。

①クレーム発生時

まず、クレームを受け付けるところから始まります。その際、顧客の話を丁寧に聞き、内容を正確に理解します。この際、顧客の感情を受け止め、共感の言葉をかけることが重要です。

「お客様のお気持ち、よくわかります」といった言葉を使うことで、顧客の怒りや不満を和らげることができます。

また、クレームの内容を簡潔に記録することも忘れずに行います。

②初期対応

次に初期対応を行います。この初期対応が非常に重要になります。ここの対応を誤ると、事態が悪化し、カスハラへと発展する恐れがあります。

まず、店側に謝罪すべき点があれば、速やかに謝罪します。ここでは「ご不便をおかけして申し訳ございません」といった言葉を使い、顧客の怒りを鎮静化します。

ただし、過度な謝罪は避けるべきです。過度な謝罪により、「言うとおりになる」と相手に思われ、さらに暴言を浴びせてくる可能性もあります。

このさじ加減は難しいですが、事実として謝罪すべき点は謝罪する、事実でない点は謝罪をするのではなく原因を究明する姿勢が必要です。

③原因究明と説明

問題の原因を特定し、説明します。ここでは可能な範囲で、即座に解決策を提案します。たとえば、購入した商品に不具合があった場合は「すぐに新しい商品と交換させていただきます」といった対応などです。

ここでも注意しなければならないのは、原因が特定されないうちに、顧客の要望をそのまま丸飲みするような対応は避けましょう。その方がその場は対処できるかもしれません。しかし、その経験をもとに再度、顧客が来店し、同じようなクレームを要求するかもしれません。その際に異なる対応をすれば「あのときは交換してくれた」と騒ぎだすでしょう。金銭的な利得を狙った人間の格好の餌食となるだけです。結局、曖昧な対応が将来のカスハラ客を生みだす遠因になってしまうのです。

担当スタッフだけで解決できないとき

小売業におけるクレーム対応の初期的な対応例を説明しましたが、担当スタッフだけでは解決できないケースも起こります。

たとえば、次のような場面が想定されるでしょう。

・顧客が納得せず、対応が長引き、さらに事態が悪化している場合

・商品へのクレームだが、専門知識が必要な場合
・弁償など金銭の対応が必要になる場合

この場合、担当スタッフは速やかに店内にいる店長やマネージャーなどに報告を行い、対応を引き継ぐようにします。ここで、担当スタッフ1人が粘って対応しても事態は改善しません。むしろ悪化する可能性のほうが高いのです。

また、店内の業務遂行を見ても、担当スタッフが長時間の対応を強いられることにより、他のスタッフの業務負荷が大きくなります。

この対応の引継ぎがクレーム対応において最も重要になります。第3章でも説明した通り、店舗のカスハラ、クレーム対応はチームでの対応が求められます。難しい対応に経験の浅いスタッフが四苦八苦しながら長期間拘束されれば、当人の精神的な疲弊はもちろん、少ない人数で業務をこなしている店内の業務の流れも滞ります。

だからこそ、店長やマネージャーは常に店内の様子に目を配り、トラブルが発生した際は迅速に対処をしなければなりません。そして、担当スタッフにアルバイトやパートタイマーが多い職場においても、「困難な対応の引継ぎ」についてはしっかりと理解させておく必要があるのです。

加えると、すでに暴言や脅迫など、明らかにカスハラの兆候が見られる顧客の場合、対

応するのは必然的に店長やマネージャーです。経験の浅いスタッフが素早い判断で毅然とした対応をとるのは難しいでしょう。

小売業におけるカスハラ対策マニュアルのポイントは、この店内のトラブル発生時の役割分担を理解させ、常に迅速に対応できる準備をするためです。これは店舗規模の大小を問わず、たとえ数人規模の小規模店舗でも準備が必要です。カスハラは店の大小に問わず、発生するのですから。

7　オーナーや経営者に求められる姿勢

顧客との関係性を明示する

小売業は顧客が来店し、そこで接客行為が発生し、購買行為へと進みます。通販会社などと決定的に異なるのは、人と人の対応が発生する点であり、このことが顧客満足度の視点から見ると優位性となり、カスハラ的な視点から見るとリスクになり得るのです。

飲食業も同様ですが、こんな例がどうしても発生します。

「ある顧客はＡさんでは何も起こらないのにＢさんの場合だとなぜかクレームになってしまう」

人間同士の衝突で起こるクレームもカスハラも再現性はありません。担当スタッフにより、起こる・起こらないは様々です。マニュアルにいくら原則を並べてもその通りにいかないからこそクレームやカスハラが起こるといっても過言ではありません。特に小売業のような、人と人との対応の中ではその傾向は顕著になります。だからこそ、マニュアルに縛られすぎない柔軟な対応の許容もときには必要になります。

また、顧客との関係性も現代においては大きく変化しています。店舗の評判は瞬く間にSNSなどのデジタルネットワークで拡散されます。よい評判も悪い評判も同じ速度で拡散されるため、担当スタッフも判断に迷う場面が少なくありません。

顧客との距離感を縮めるためSNSやホームページで担当スタッフが積極的に発信を行うケースも増えてきました。同時に、顧客のセグメント化を進め、「店の理念、方針に共感してもらえるお客様にご提供します」というような、店側が顧客を選ぶ動きも広まりつつあります。

しかし、一般的な小売業においてそこまでの差別化とセグメント化はなかなか難しいでしょう。地域の雑貨店やスーパーやコンビニなどにおいて、顧客を選ぶということは現実的ではありません。その中で顧客満足度とカスハラ防止をどう考えていくかが、多くの小売業に課せられた命題ともいえます。

大切なのは、店のオーナーや経営者が働くスタッフと来店する顧客の関係性をどうしていきたいのかを両者にしっかりと明示することだと思います。店で気持ちよく買い物をしてもらいたいならば、スタッフも気持ちよく接客できる環境をつくらなければなりません。

1人の顧客がカスハラ行為に及ぶことは、このスタッフと顧客の気持ちよい関係性を壊す行為であると明言することで、両者が安心して店という空間内で気持ちよく過ごすことができるわけです。

この関係性を壊すカスハラ行為を認めないという強い姿勢は、スタッフを守るのと同時に、そこにいる他の顧客も守るという強い意思表示となります。特に人と人の接点がベースとなる小売業だからこそ、オーナーや経営者はそのことを理解しないといけません。

そして、対策マニュアル策定は目指す店づくりの姿そのものであると認識すべきでしょう。

8　小売業におけるカスハラ対策の成功事例と失敗事例

相反する事例と分析

カスハラ防止と店舗運営のバランスを取る上で、成功事例と失敗事例を比較しながら、そこから学ぶことは非常に重要です。
次に、相反する事例とその分析を示します。

成功事例：地域密着型の書店Ｃ社

■取り組み

・地域の学校と連携し、「マナー教室」を定期的に開催
・常連客を「ブックアドバイザー」として認定し、店舗運営に参加してもらう
・スタッフと顧客が交流できる読書会を月１回開催

■結果

・地域コミュニティーとの関係が強化され、カスハラが大幅に減少
・顧客のロイヤリティーが向上し、リピート率が20％上昇
・スタッフの仕事満足度が向上し、接客品質が改善

■分析

顧客を「共に店舗をつくり上げるパートナー」として位置づけることで、カスハラの抑制と顧客満足度の向上を同時に達成しています。地域に根ざした取り組みが、店舗と顧客の良好な関係構築を生み出した好例。

失敗事例：コンビニエンスストアＤ社

■状況

・カスハラ対策として、防犯カメラを設置し防犯対策を大幅に強化
・スタッフに「不審な顧客」への警戒を強く指示

■結果

・店舗の雰囲気が殺伐とし、顧客が入店をためらうようになる
・一部の顧客が「監視されている」と不快感を示す
・売上が徐々に減少し、最終的に10％のダウン

■分析

セキュリティーの強化は重要ですが、過度な対策は逆効果となる可能性があります。この事例では、カスハラ防止策が顧客の快適性を損ない、結果として店舗の魅力低下につながっています。安全性と快適性のバランスを無視すると店舗運営に多大な影響を及ぼします。

顧客を味方とみるか敵とみるかで大きな違い

この２つの事例は顧客を味方と見るか、敵と見るかに大きな違いがあります。カスハラ

対策はどうしても顧客を敵として見てしまいがちです。スタッフをいかに守るか、という視点に立てば当然のことでしょう。しかし、企業は顧客がいなければ成立しません。ましてや、前項で述べたとおり、小売業は来店する顧客とスタッフの直接的な対話や対応で成り立っています。

カスハラ的行為を防止する策は実は難しくありません。失敗事例で紹介したコンビニのように防犯カメラを設置し、常に警備会社と連携しておけば、いざというときに迅速な対応がとれます。

しかし、肝心な顧客の存在を置き忘れてしまっては意味がありません。逆に無人店舗であれば、このような厳重体制で犯罪防止対策を行うべきでしょう。多くの顧客は気分よく買い物をしたい。気分よく買い物できない店ならば、他の店に行けばよいということになります。

このバランスは地域性や店舗の規模など様々でしょう。また、顧客の特性も店舗によって異なります。しかし、気分よく買い物ができれば、顧客も店を利用したいと思うのは共通している要素でしょう。そのような顧客を拡大していきながら、カスハラ行為への対策を講じることになります。

考えてほしいのは、店を愛用してくれる顧客が増えれば、相対的にカスハラ的な行為に発展する顧客の割合も減ってくるということです。ここで紹介した成功事例のように顧客との交流など難しい業態の店舗もあるかもしれません。しかし、大袈裟に考えるのではなく、挨拶1つで相手の心象は変わるものです。

対策マニュアルを策定する一方で、その対策自体が店の顧客に対してどのような影響を及ぼすのかも考えてみましょう。このバランスは一朝一夕で完璧になるものではありません。トライアンドエラーを繰り返し、実際に顧客からの声にも耳を傾けながら改善を繰り返していくしかないのです。

コラム：3つの「ない」を目指しましょう

昔から伝わっている安直なクレーム処理方法は、会社側の多少の出費はやむなしで、とにかく顧客を黙らせることしか考えていなかったといえます。筆者も昔を振り返ると、上司自身もクレーム対応に不慣れであり教育・研修などは皆無。マニュアルすらない。ただ単に「上手く蓋を閉めろ」の一辺倒の指示であったと記憶しています（上司も何もわからず、経験だけでものを言っていたので大変だったと思います）。残念ながら、いまだにそのような考えや対応方法がまかり通っている企業が多いことを研修などの現場で聞き及んでいます。
私は研修現場において、3つの「ない」をなくしましょうと伝えています。
・得意な人にばかり任せない。
・1人で対応させない。
・対応者を放置しない。
現場のリーダー（店長などの責任者）は次の心得でクレームに臨んでもらいたいと思います。「得意な人に任せて」リーダーの責任を放棄しないこと。そして、ベテランだから、彼ならば対応しても大丈夫だろうなどと「1人で対応させない」。また、何かあったら報告してくるだろうなどと意図的でないにしても「対応者を放置しない」こと。クレームが発生した原因が仮に対応者（スタッフ）にあった場合、リーダーに相談するだろうか。責任感のあるスタッフほど自分で何とかしないといけないと考えるものです。その点の心理をよく理解してほしいと思います。

カスハラ（悪質クレームやグレーゾンクレーム）には、チームワークで対処しなければ、根本的な解決には至りません。そのためには現場責任者であるあなたの力が必要なのです。協力・連携・共有の風土を組織につくりあげ、スタッフを見守る姿勢を企業側が示さなければ、カスハラ対策は機能しません。ぜひ、3つの「ない」を目指して欲しいと思います。

第5章：コールセンター（電話対応）向けマニュアルの策定ポイント

コールセンターの現場では、日々多くの顧客と直接的なコミュニケーションを取る必要があり、カスハラのリスクが非常に高いと言えます。そのため、適切なマニュアルの策定と運用が不可欠です。

本章では、コールセンターにおけるカスハラ対策について、実務的かつ厳格な観点から解説します。

1　コールセンターにおける顧客対応の特徴

コールセンター特有の特徴

コールセンターにおける顧客対応は対面での対応とは異なる特有の顧客接点があります。これらの特徴を十分に理解し、適切な対策を講じることが重要です。

その特徴を次に説明します。

■匿名性

コールセンターでは、顧客と直接対面することがないため、顧客側に匿名性の意識が生まれやすくなります。

この匿名性により、通常の対面状況では抑制されるような攻撃的な言動が表出しやすくなるのです。顧客は「どうせ顔が見えないのだから」という意識から、より激しい言葉を使用したり、理不尽な要求をしたりする傾向があります。「どうせ電話だから」と考え、オペレーターが対処に困っているのをいいことに、あえて対応を引き延ばすなどの嫌がらせ行為に及ぶこともあります。

■即時性

電話でのコミュニケーションは、顧客の感情的な反応がダイレクトかつ即時的に伝わるという特徴があります。

対面での対応と異なり、対応によっては顧客の感情が急速に変化する可能性があります（顧客の心の温度が上がる）。

■反復性

コールセンターでは、同一の顧客による繰り返しの嫌がらせや不適切な要求が発生しやすいという特徴があります（リピート型または長時間拘束型のカスハラなど）。

特定の顧客からの執拗な連絡を受ける可能性が高くなるのです。

2　問い合わせ体制の実態

顧客とのトラブルを想定した準備が不可欠

昨今の顧客問い合わせ手段は多様化しています。一昔前までは電話が主流でした。今ではメールやチャットが登場し、最近ではＡＩを活用した問い合わせチャットも広く普及しています。ただし、この問い合わせ手段の多様化がコールセンター業界においてオペレーターに別の意味で負荷を増大させています。

CX（カスタマー・エクスペリエンス）コンサルティングサービスを提供するモビルス株式会社が運営するCX-Branding Tech. Labは2024年11月に「お客さま窓口の利用実態調査2024」を発表しました。

その調査によると、「お客様窓口への問い合わせ手段」の約6割が電話以外の手段でした。電話以外の手段とはメールやウェブサイトを経由した問い合わせになります。さらに60歳以上を見ても問い合わせ手段で電話を使う割合は半数でした。そして、問い合わせ窓口への不満の調査においては「つながらない・待たされる」がトップで40・9%を占めました。

この調査内容だけ見ると、現在の問い合わせ手段はメールやチャットが半数を超え、電話の問い合わせは相対的に減少していると考えられます。数字だけ見ると、そのように考えられますが、実態は異なるといえるでしょう。

まず、問い合わせについて顧客がとる行動を考えてみてもらいたいと思います。問い合わせの際にまず考えられる手段は電話です。電話で問い合わせしますが、昨今の問い合わせ窓口はなかなかつながりません。待たされたり、後からかけ直してくれとアナウンスがされ、仕方なくメールやチャットで問い合わせを行う方も多いでしょう。

ここで解決できれば問題はありません。しかし、メールやチャットではやはり要領が得ない、目的の回答が得られないというケースも多いでしょう。メールを送付したが回答がなかなか返ってこないこともあります。そういう状況で顧客は改めて電話で問い合わせを行うことになるのです。

この時点で顧客は対応における「いらだち」を覚えて、電話での問い合わせを行っていることになります。つまり、メールやチャットで満足いく回答が得られなかった方が潜在的に多いのです。

最初に電話で問い合わせた際はなかなかつながらなかったという時間的ロスも感情を高ぶらせます。そうなると電話でオペレーターとつながった瞬間から顧客の感情は通常より高い状態でやり取りがスタートしていると想定されます。

ＡＩも含めて問い合わせ窓口の効率化は昨今、加速的に進んでいます。確かにＦＡＱで確認してもらえば済む内容を電話で対応するのは非合理的です。しかし、すべての問題を解決できるほど技術的な進化を遂げていないのは事実です。

あくまで今は過渡期であり、電話での問い合わせとハイブリットで運用する企業が大半を占めます。そのような状況の中で、前出のような経緯で電話をかけてきた顧客はすでに感情的に「何か言いたい」状態である可能性も高いわけです。

このような顧客との対応も含めてコールセンター業界においては、顧客とのトラブルを想定した準備を進めておくことが求められます。

3　対策マニュアル策定のポイント

曖昧な部分は極力排除していく姿勢が大切

コールセンターは電話設備があれば商業活動が可能なため、事業参入の障壁が低く、中小規模のセンターが大手のセンターに間借りするインハウス型の形をとっている事業者が多いのが特徴です。クライアント（メーカーや大規模販売店など）の業務委託や営業代行を担っているため、クレーム対応のマニュアルなどはクライアント企業に依存することが多いでしょう。

電話応対の多くはクライアント企業のマニュアルが商品・サービスに関わる内容になるので、クレームに関するクライアントへの確認方法も含めて事前に充分な協議が必要になります。たとえば、技術的な問い合わせについてはどのレベルの内容でクライアント側へ対応を引き継ぐべきなのか、などの線引きをお互いに確認しておくことが求められます。

ただし、クライアント企業もクレームに関しては一貫した対応方法を体系化しているとところは少なく、業務委託先となるコールセンターへ丸投げする傾向が強いのが実情です。クライアント企業でなければ対応・解決できない部分の線引きを曖昧にすると、現場において右往左往を繰り返し、悪質なクレームやカスハラを誘発することになります。

コールセンターのカスハラ対策マニュアルは、このようなクライアント企業との線引きを明確にした上で、策定を進めていくのが必要です。策定を進めながら、曖昧な部分が浮き彫りになった際にはクライアント企業との協議を行うなどの措置を行います。ここを曖昧なままにすると、責任の所在が明確にならず、自社の損害につながる可能性があります。

顧客と対応するのは自社のオペレーターであり、そのオペレーターがいかに働きやすい環境を整備できるかという視点が大切なポイントです。そのためにも、コールセンター側は対応において曖昧な部分は極力排除していく姿勢が大切です。

4　カスハラ発生時のマニュアル活用

効果的なマニュアル活用法

策定したマニュアルは悪質なクレームやカスハラ対応時に適切に活用できることが重要になります。ここでは、効果的なマニュアル活用法について紹介します。

■すぐに参照できるようにする

マニュアルは、常にすぐ参照できる位置に置いておく必要があります。印刷されたマニュアルを配布する場合は、各オペレーターがデスクの引き出しや電話対応時にすぐに確認できる状態にしておきます。

タブレットやPC上で即座に検索可能なデジタル版マニュアルを用意するのも利便性向上に効果的です。

また、最も重要なポイントをまとめたチェックシートを作成し、常に手元に置くようにルールを策定するのもよいでしょう。

■定期的に更新

マニュアルの内容を定期的に確認し、最新の情報にしておくことも重要なポイントです。定期的に（たとえば月単位や四半期単位で）マニュアルの主要ポイントを確認する時間を設けたり、マニュアルが更新された場合、すぐにその情報を全スタッフに共有します。

また、マニュアルの内容に関する理解度を高めるために、定期的に打ち合わせの場で確認するのも効果的でしょう。直近で発生したお客様とのトラブルなどを整理し、マニュアルに反映していくサイクルが大切です。

■マニュアルを使用した研修

マニュアルを使用した定期的な研修を実施することで、実践を想定したスキルを向上させることができます。

たとえば、カスハラ発生時を想定したロールプレイングを実施してみるとよいでしょう。過去の実際のカスハラ事例を用いて、マニュアルに基づいた対応を実際に経験してもらいます。

■オペレーターの意見を反映

オペレーターの現場経験によるフィードバックを積極的にマニュアルに取り込んでいくことも重要でしょう。現場実務とかけ離れたマニュアルでは意味がありません。

悪質なクレームやカスハラが発生した際は関係者からのフィードバックをもとにマニュアルの見直しを行います。

オペレーターからは、現場での経験を活かした「生の声」を届けてもらうように、マニュアル作成者は意見収集の方法や、聞き方を工夫してください。聞き取り事項を予めまとめて悪質クレーム（グレーゾンクレーム）の発生する度に、入力・レビューできるように仕組みを作ってしまえば、日常業務の延長線上での処理対応を促すことができます。

5　クレーム発生時の電話対応の基本

クレーム対応の基本ルールを徹底する

コールセンターにおける電話対応はその特徴や特性を理解した上で、クレーム発生時には適切な手順（図表18）とルールに沿って進めていく必要があります。

未然に防止するための基本ルールを社内全体で共有しておきましょう。

■冷静さを保つ

実はこの「冷静さを保つ」という点がオペレーターにとって最も大切な要素になります。顧客が感情的になったり、攻撃的な言動を発した際にも、決して同じレベルまで感情的にならないよう注意が必要です。

冷静さを維持するために自身の感情をコントロールする術を知ること、顧客の言動を個人的な攻撃と受け取らないこと、心を落ち着かせることなどが挙げられます。

オペレーターがどのような状況でも冷静さを保つためには、日頃からクレーム発生時を想定したロールプレイング研修を実施するなど準備が必要になります。

〔図表18　クレーム発生時の対応手順〕

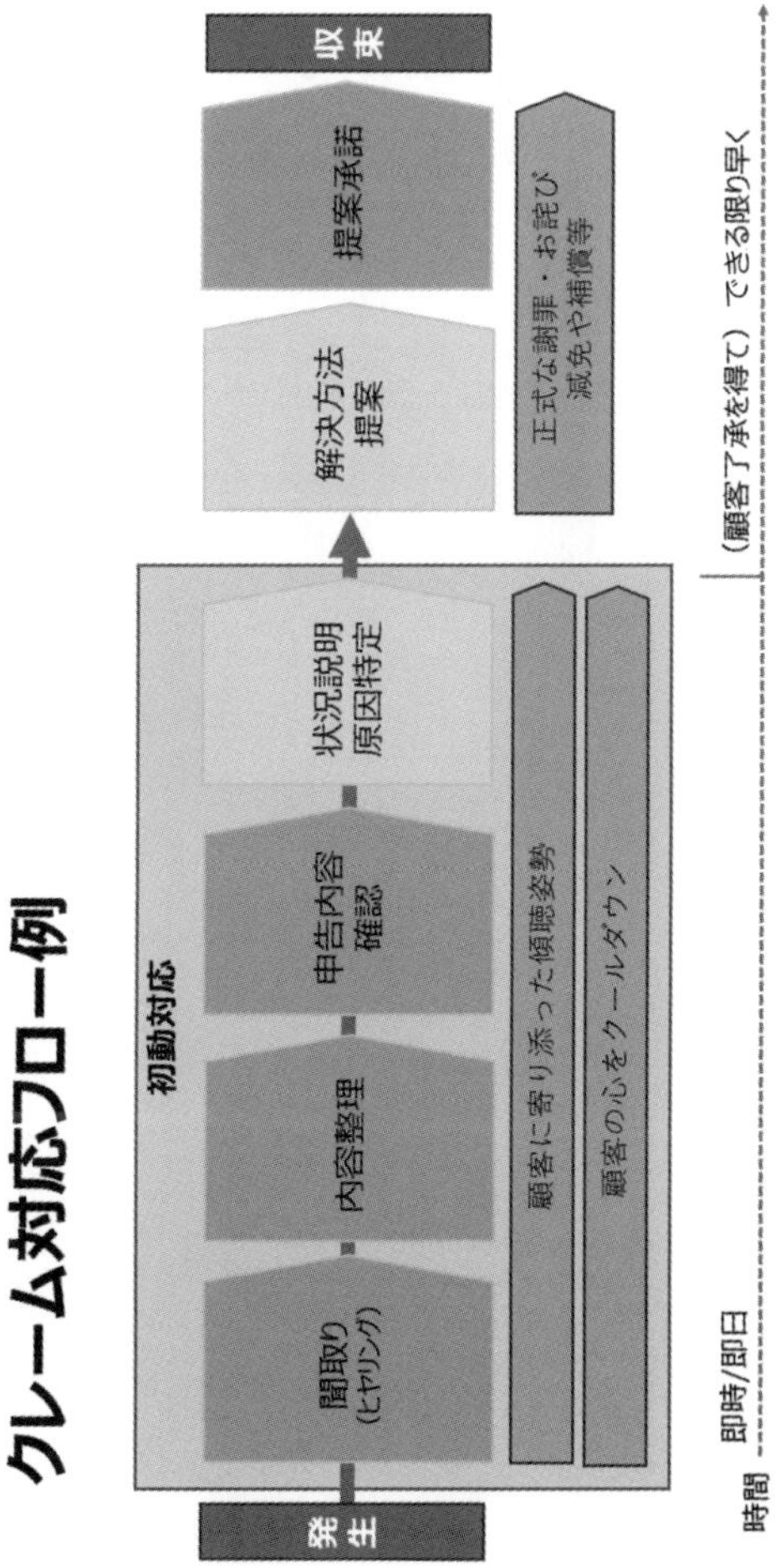

■傾聴

顧客の話を最後まで聞き、内容を正確に理解することも重要です。感情が昂った顧客の話を途中で遮ったり、自分の意見を押しつけたりすることは避けるべきです。

効果的な傾聴のためには、相づちや簡単な応答を適切に入れ、相手の話を聞いていることを示すようにします。

そして、話を聞く際はメモを取り、重要なポイントを逃さないことです。あくまで顧客の言葉の裏にある感情や真意を読み取るよう努めることです。理解できない点があれば、適切なタイミングで確認の質問をすることが大切です。

■明確な説明

企業のポリシーや対応可能な範囲を明確に説明します。曖昧な返答や、実現不可能な約束は事態をさらに悪化させます。オペレーターの発言を記録に残し、それを言質として再度、要求を迫るお客様もいるかもしれません。

明確な説明のためには、簡潔でわかりやすい言葉を使用し、専門用語や社内用語の使用は避けるようにしましょう。必要に応じて、説明内容を復唱し、理解度を確認しながら、対応できない事項については、その理由を丁寧に説明する姿勢が大切です。

■記録

対面の対応とは異なり、電話対応は通話内容を録音するなど記録に残すことが容易です。たとえば、録音については、事前に「録音をする」ということを顧客に案内することができます。また、オペレーター自身も顧客とのやり取りを正確に記録し、必要に応じて上司に報告します。

これにより、後のフォローアップや問題解決に役立てることができます。通話の日時、顧客情報、問題の概要を記し、顧客の要求事項とそれに対する自身の回答を明確に記録します。

重要なのは、客観的な事実のみを記録することです。そして、記録を第三者が読んでも理解できるよう、明確に記述することが求められます。

■上司への引継ぎ

対応の状況によっては自身だけで対応できない場面も出てくると思います。その際は速やかに上司に引き継ぐことが重要です。

この引継ぎが遅れると、問題をさらに悪化させる可能性があります。そのため社内において上司へ引き継ぐ基準を事前に明確にしておくことです。

オペレーターは顧客に対して、上司に確認する旨を丁寧に説明し、引継ぎの際は経緯を簡潔に上司に報告します。

これらのクレーム対応の基本ルールを徹底することで、カスハラのリスクを軽減し、適切な顧客対応を行うことが可能になるでしょう。

6　スクリプトの作成と活用

スクリプト（台本）は電話応対には非常に有効な手法

スクリプトとはいわば台本のことです。営業の世界でも商談において話す内容をあらかじめ決めておくトークスクリプトが広く使用されています。

このスクリプトは電話応対においては非常に有効な手法です。対面応対する場面では物理的にスクリプトを確認するのが難しいですが、電話応対ならば確認を行いながら状況に応じた説明が可能になります。スクリプトの活用は、「伝え忘れ」や「重要事項の確認」などの場面で効果的です。

スクリプトは「基本スクリプト」と「状況別スクリプト」に大別されます。それぞれ作成と活用のポイントを紹介しましょう。

■基本スクリプト

すべての通話に共通する基本的な流れをカバーするのが基本スクリプトです。基本スクリプトには「挨拶と名乗り」「顧客の問合せ・問題の内容確認（相手の入電・架電の目的）」「解決策の提示」「クロージング」の要素を含めます。

たとえば、「挨拶と名乗り」では、はっきりと社名と担当名を告げます（最近は特定の顧客からのカスハラ攻撃を回避するため、ビジネスネームの利用も考えるべきかもしれません）。

そして「問合せ・問題の確認」では、顧客の話の内容をしっかり聞きます。間違いや認識の齟齬が生じないように顧客の要望を復唱し、「解決策の提示」を行います。

「クロージング」では「他にご不明な点はございませんか？　本日はお電話いただき、ありがとうございました」などの文言を用意して、終話とします。

このように、顧客との一連の対応の基本的な流れを抑えたものが基本スクリプトです。

■状況別スクリプト

状況別スクリプトは顧客の状況に応じた個別の対応例を作成しておくものです。たとえば、「クレーム対応スクリプト」「返品・交換対応スクリプト」「技術的問題への対応スクリプト」などがあります。

「クレーム対応スクリプト」では、謝罪の言葉、状況の確認、解決策の提示、フォローアップの約束などの要素を含めます。

「技術的問題への対応スクリプト」では、社内やメーカーへの確認、回答までの時間などを盛り込むようにします。

スクリプトは、定期的に見直し、必要に応じて更新することが大切です。特に状況別スクリプトは顧客からのフィードバックをもとに、更新し、関連法令や社内ポリシーの変更があった場合、速やかにスクリプトに反映するようにしましょう。また、新製品やサービスの導入に合わせて、関連するスクリプトを作成したり、更新することも必要です。

ポイントとなるのは、スクリプトは基本的なガイドラインとして使用し、状況に応じて柔軟に対応することです。オペレーターはスクリプトを機械的に読み上げるのではなく、自然な会話の流れを保つよう心がける必要もあるでしょう。スクリプトを使い、オペレーターがロールプレイングなどで対話スキルを向上させる取り組みも重要です。

スクリプトの導入は一貫性のある高品質な顧客対応を可能にします。これは、コールセンターの現場においては非常に重要なことで、結果としてカスハラのリスク軽減につながるのです。

7　クレーム対応履歴の管理

クレーム対応の記録と管理

　カスハラを含むクレーム対応の履歴を適切に記録し管理することは、効果的な顧客対応と再発防止のために極めて重要です。

　記録項目として図表19の情報を漏れなく記録するようにします。

〔図表19　対応履歴の記録項目〕

- 日時（クレームを受けた日時、対応開始時間、終了時間）
- 顧客情報（顧客名、連絡先、顧客ＩＤ）
- 問題の内容
- 対応内容
- 結果
- フォローアップ計画
- 対応者
- 関連部署

特に、問題の内容は客観的かつ詳細に記述し、顧客の言葉をそのまま引用するようにします。対応内容には提案した解決策や顧客とのやり取りの要点を含め、結果には問題が解決したか、継続対応が必要か、顧客の最終的な反応はどうだったかなどを記録します。

次に、記録した情報を検索可能な形でデータベース化することが重要です。クレーム対応履歴を一元管理し、キーワード・日付・顧客名・問題の種類などで簡単に検索できる機能を実装します。また、対応履歴情報には個人情報が含まれるため、データへのアクセス権限を適切に設定することが必要になります。

そして、これらの対応履歴データは社内のカスハラ、クレーム対応方針を策定していくことにも役立ちます。記録されたデータを分析し、傾向や問題点を把握します。

クレームの種類、頻度、解決率などの統計や時系列でのクレーム傾向を分析することで、表面的には見えてこなかった要因を探りあてることができるかもしれません。ここで明らかになった傾向などをもとに対応策を検討することができるでしょう。

たとえば、ある商品の問い合わせにおけるクレームの傾向が見えてくることでオペレーターの対応プロセスを修正するなどが可能になります。

クレーム対応履歴の記録と管理も、継続的な改善が求められます。データへの検索性と分析の精度向上を常に念頭に置きながら改善を進めていくようにしましょう。クレーム対応履歴を適切に記録・管理することは、カスハラやクレーム対応の質を向上させるだけでなく、結果として顧客満足度の向上につながります。

8　上司への引継ぎの重要性

上司に引き継ぐ基準を定める

コールセンターにおいて、カスハラ発生時に最も重要なのは、上司などへ対応を引き継ぐことです。オペレーターが対応を継続し、事態を収束させることは理想かもしれませんが、そこに固執すると事態がさらに悪化をたどる方が圧倒的に多いのです。

また、オペレーターが１人の顧客の対応に長時間費やすことは業務効率という点でも非生産的といえます。適切なタイミングで上司などに引き継ぐことで、オペレーターの対応負荷を軽減させると同時に、通常業務を継続させる視点が求められます。

では、この引継ぎはどのように行うべきなのでしょうか？　そこには基準が必要になります。この引継ぎは現場のオペレーターに判断を委ねるのではなく、次のような場合に速やかに上司などに引き継ぐように周知しておきます。

・企業の方針に関わる判断が必要な場合

通常のポリシーや手順の例外的な適用が求められる場合、前例のない要求や状況に直面した場合、複数の部門にまたがる問題が発生した場合など。

・法的リスクが予想される場合

顧客が法的措置を示唆した場合、個人情報の漏えいや不正使用の疑いがある場合、製品やサービスの安全性に関する重大な指摘があった場合など。

・金銭的補償が必要な場合

通常の返金・交換の範囲を超える補償が求められる場合、大口顧客からの多額の損害賠償請求がある場合、複数の顧客に影響を及ぼす可能性のある系統的な問題が発見された場合など。

・顧客が明確に上位者との対応を要求した場合

反復的なクレームや嫌がらせが発生している場合、SNSなどのメディア露出のリスクがある場合、スタッフの安全や健康が脅かされる場合など。システム障害や大規模な技術的問題が発生した場合なども該当。

引継ぎには体制整備も必要です。誰に、どのような順序で引継ぎを行うのかを明確にし、営業時間外でも緊急時には上司などに連絡できるよう業務フローとして全オペレーターに周知します。カスハラ対策マニュアルと同様に、これらをまとめた対応方法をオペレーターが顧客対応中でも確認可能な場所へ保管・保存することも必要です。

カスハラやクレームなどのトラブル発生時に事態を悪化させず、短時間で収束させることは企業の事業活動において重要なテーマです。オペレーターにすべての対応を任せることは、結果として企業の事業活動全体に悪影響を及ぼします。

また、引継ぎの体制を整備することで、オペレーターが安心して業務に臨めます。結果として、そのことが職場の心理的安全性を高め、離職率の低下やオペレーターのパフォーマンス向上につながります。

9　法的対応が必要になったら？

記録の適切な収集と保管

悪質なカスハラ行為が発生し、法的対応が必要になることがあります。コールセンターの職場は相手の顔が見えない状況です。その場合はどのような点に留意すべきでしょうか。

まず、必要となるのは証拠の適切な収集と保管です。顧客とのやり取りを録音しているならば、適切な期間保管を社内で義務づけます。この保管期間は法的要件に従って設定するものであり、自社の事業環境に照らし合わせて検討しましょう。

メールやチャットなどの電子的な記録は検索可能な形で保存し、口頭でのやり取りも含め、すべての顧客とのやり取りをデータ化します。これらの情報はアクセス制限のあるセキュアなストレージに保管するようにします。

基本的にこれらの情報が揃っていれば、カスハラの証拠として十分対応可能です。理想としてはこのような対応へ至る前に事態を収束させることが望ましいですが、こればかりは顧客によっては異なるためコントロールはできません。逆に顧客によっては法的対応をほのめかし、悪質な要求を行うケースも想定されます。前出のように証拠となる情報をしっかり揃えておけば問題ありませんが、オペレーター自身が「法的対応」という言葉に対し、過剰な反応を示したり、冷静さを保てなくなることが想定されます。

前出の状況別スクリプトを作成しておくなど準備をしておくと冷静な対応ができるでしょう。しっかりと記録に残しながら、顧客からの法的対応の言葉に対しても冷静に対応できる環境をつくりだすことが何よりも大切です。

これらの準備を通じて、カスハラに関連する法的リスクを最小限に抑えることができます。法的対応は最後の手段ですが、必要な場合には躊躇せず、適切に実行できることが何よりも重要です。

10 オペレーターのメンタルヘルスケア

専門家によるカウンセリングの導入も１つの方法

カスハラ対応は対応するスタッフが肉体的・精神的に疲弊します。特にコールセンターの職場では、オペレーターが顔の見えない相手に暴言を浴びせ続けられる状況に追い込まれます。

カスハラに至らなくとも、電話対応という特性上、クレームや問い合わせの際も高圧的な顧客が多いのも事実です。カスハラ被害に遭ったオペレーターは精神的にも大きなダメージを受けることになります。

だからこそ、オペレーターに対するメンタルヘルスケアは企業にとって重要な取り組みの１つなのです。

たとえば、専門家によるカウンセリングの導入も１つの方法です。常勤の産業カウンセラーを配置したり、オペレーターが無料で利用できる外部カウンセリングサービスと契約することが考えられます。匿名で相談できる電話やオンラインの窓口サービスも最近は増えており、手軽に導入もできます。

上司と部下（オペレーター）が定期的に1対1で面談を行い、上司がいつでも相談を受け付ける環境をつくりだすことも大切です。企業側としてはオペレーターのメンタルヘルスの問題を早期に発見し、適切に対応することが目的です。そのため、安心して話せる場をつくりだすことが最も重要になります。

補足的な取り組みになりますが、ワークライフバランスの促進も検討すべきでしょう。残業を最小限に抑え、計画的な有給休暇の取得を奨励し、可能な範囲で柔軟な勤務時間を許可します。長期休暇を取得できる制度を設け、適切な範囲で副業や兼業を認め、キャリアの多様性を支援したりすることも職場のオペレーターに安心を与える1つの要素です。

セカンドハラスメントに要注意

メンタルヘルスケアを考える上で企業として防がなければならないのは、カスハラ被害に遭ったオペレーターを再度問い詰めたり、非難したりするセカンドハラスメントです。顧客と揉める、トラブルを起こすことを忌み嫌う上司の場合、責めるべきは悪質な顧客であるにも関わらず、その当事者であるオペレーターにこのようなハラスメント行為に走るケースも少なくありません。

特にコールセンター業界で従事するオペレーターはクレームやトラブルと背中合わせの

状況であるといっても過言ではありません。そのような環境下に置かれたオペレーターに対し、セカンドハラスメントを見過ごしている企業に未来はありません。企業側もこのような事象が発生していることが確認された場合は速やかに当事者の処分も含め、対策を講じる必要があります。

このメンタルヘルスケアの問題はカスハラが社会問題化する昨今、非常に重要な要素になりつつあります。とはいえ、意外に経営層は軽視しがちなテーマでもあります。

だからこそ、上司やマネージャーたちが現場の実情を経営層に正確に伝え、社内の体質を変えていくよう働きかけていくことが望ましいでしょう。繰り返しになりますが、この問題を軽視する企業で人は働きたいと思わないですし、未来はないでしょう。

コールセンターの業務は、感情労働であるため人材の流動化が激しい業界の1つです。つまり中長期的な人財の育成が容易ではなく、一人前に育てたオペレーターが疲弊し、メンタルを患い退職に追い込まれることは、採用・育成コストの面でも大損害といえます。それ以上に、大切に育てたオペレーターが顧客の心無い言動で企業を去らなければならないことになってしまうことの悔しさは部下を持った方ならば、誰しも感じることではないでしょうか。部下を守れるのは経営者であり、上司やマネージャーの対応次第であることを肝に銘じてもらいたいと思います。

コラム：コールセンターの形態によって異なるクレームの種類

コールセンター業務は大別して「インバウンド」と「アウトバウンド」の2種類があります。「インバウンド」は顧客からの入電を受ける専門で注文センターなどの反響営業やお問合せを主体に行うので、比較的マニュアル化がしやすいです。「アウトバウンド」はコールセンターから顧客へ架電するもので、いわゆる営業電話です。顧客は不意に電話がかかって営業をかけられるので、その行為自体が迷惑であるとしてクレームに発展しやすく、不招請勧誘にあたるものでインバウンドよりも管轄省庁からの制約も強くなります。

「アウトバウンド」のクレーム対応で主たるものは「なぜ私の電話番号を知っているのか？」などの個人情報にかかるものや、「なぜ営業電話をかけてくるのか」という目的について多くなります。「アウトバウンド」は日中の在宅率が高いことから、高齢者がターゲットとなるケースが多く、契約に至っても本人が契約内容を充分に把握していなかったり、契約者の親族からのクレームになりやすい特徴があります。

ポイントとしては、クレーム発生時に顧客との対応履歴を精査してオペレーターが説明責任を果たしているか、または商品・サービス購入時に顧客の承諾をしっかりとっているのかを音源（ボイスログ）で迅速に確認できること、あわせて顧客の購入承諾後（商取引完了）の書面発行等の手順を確認する術をマニュアルに記載する必要となります。

第６章：行政窓口向け
マニュアルの策定ポイント

行政窓口には、行政サービスの特性上、市民の権利や義務に直結する業務を扱うため、一般企業とは異なる対応が求められます。

本章では、行政窓口特有のカスハラの特徴を分析し、効果的な対応策を説明します。

1　行政窓口におけるカスハラの特徴

行政窓口特有のカスハラの特徴

行政窓口におけるカスハラは、一般企業とは異なる特徴を持っています。行政サービスの性質上、市民（町民・村民）の権利や義務に直結する業務を扱うため、複雑かつ深刻な問題に発展する可能性があります。別の言い方をすれば、行政サービス自体がユニバーサルサービス的な要素があるため、その地域のあらゆる住民が窓口に訪れる可能性があることは事前に認識しておく必要があります。

ここでは、行政窓口特有のカスハラの特徴を見ていきましょう。

■公平性への過度な要求

行政窓口におけるカスハラの最も顕著な特徴は、この「公平性への過度な要求」です。行政サービスは、すべての市民に対して公平に提供されるべきものです。しかし、この原則が時として市民の誤解や不満を招くことがあります。

たとえば、特別な事情があると主張する市民が、例外的な対応を強く求めるケースがあります。これが拒否されると、「不公平だ！」「差別だ！」といった主張につながり、カスハラに発展することがあります。

■制度や手続への不満

行政サービスは法律や条例に基づいて提供されるため、手続が複雑になりがちです。この複雑さが市民のストレスや不満の原因となり、窓口職員への攻撃的な態度につながることがあります。

特に、高齢者や外国人など、制度理解に困難を感じる方々に対しては、丁寧な説明と対応が求められますが、それが十分でない場合にカスハラのリスクが高まります。

■権利意識と行政への期待

近年、市民の権利意識が高まり、行政サービスに対する期待も増大しています。これ自体は社会において望ましい傾向ですが、時として過度な要求や非現実的な期待につながることがあります。

行政の限界や制約を理解せずに、「税金を払っているのだから」という論理で無理難題を押しつけようとするケースも見られます。

■責任の所在の不明確さ

行政組織は大規模で複雑なため、市民からは「誰が責任者なのかわからない」「たらい回しにされている」という不満が生じやすい構造があります。

この不透明さが、窓口職員個人への攻撃的な態度を引き起こすことがあります。

■緊急時や災害時の特殊な状況

災害時など、通常とは異なる対応が求められる状況下では、市民の不安や焦りが高まり、通常では起こりえないような過激な言動につながることがあります。

これらの特徴を理解し、適切に対応することが、行政窓口におけるカスハラ対策の第一歩となります。次項以降では、これらの特徴を踏まえた具体的な対応策について詳しく解説します。

2　行政窓口におけるカスハラ対応策

カスハラ対応で必要な準備

行政窓口におけるカスハラ対応の難しいところは前項の特徴でも述べたように、公平性を謳いながらも、手続や申請など法律や条例に基づいて複雑かつ難解である場面が多く、窓口に来られた市民の中には攻撃的な言動を繰り返すケースも少なくありません。一般企業のサービスであれば、不便かつ非効率な部分に関してはすぐに改善することが可能です。しかし、行政となるとすぐに『何かを変える』ということはなかなか難しいのが実情です。ここには公平性という大前提があり、一部のためや効率性だけを重視すると、一方で多様性や緊急時の対応において不備が生じる恐れがあるからです。

では、行政窓口がカスハラに備えてどのような対策を講じることができるでしょうか？

それには次のような準備が必要になります。

■理解しやすい説明

まず、行政サービスの根拠となる法令や規則、手続の流れは一般の方々には複雑に映るということを行政側が認識すべきです。職員は当たり前に理解できることも、行政窓口にあまり訪れない市民にとってはなかなか理解し難いものです。

たとえば、各種申請の処理期間や必要書類をわかりやすく説明した書面を用意したり、進捗状況などがオンラインで確認できる場合はそのことも説明に加えるべきでしょう。

このような取り組みを重ねることで、市民の不安や焦りを軽減し、結果として窓口でのカスハラリスクを低減させることにつながります。

■多様性への配慮

行政窓口には高齢者、障がい者、外国人など、様々な背景を持つ方々が訪れます。行政側の責務として、それぞれのニーズに合わせた対応が求められます。多言語対応や点字表記などは多くの行政においても採り入れられています。

加えると外国人などは日本の行政手続や申請要件などにおいて、自国の文化と比較して理解が伴わないケースも多いでしょう。その場合も、手続の進め方だけでなく「このような場合は申請要件を満たさない」という説明を窓口に掲示もしくは手渡すようにするのがよいでしょう。

■バックアップ体制の構築

バックアップ体制というと大袈裟に聞こえますが、窓口で担当職員が困難な状況に直面した際の周囲のフォローや引継ぎ体制です。どの業界も同様ですが、クレームやカスハラは1人の担当が対峙し続けると事態が悪化の一途をたどることがあります。

これ以上は自分自身では解決が難しいと判断した際に円滑に上司などが対応を引き継げ

るように準備をしておくことが大切です。窓口で担当職員が対応に苦慮している場合、周囲の職員が割って入り、相手の話を再度伺うなど、いざというときの対応ルールを課内で策定しておくようにしましょう。

3　トラブル発生時の初期対応

いざというときの行動指針を明示する

トラブル発生時における窓口担当職員の初期対応は、事態の悪化を防ぐために非常に重要になります。すでに述べたように、行政窓口で悪質なクレームやカスハラに及ぶ相手側は公平性や手続の難解さや時間経過に腹を立て激昂しているケースが多いです。

このようなケースで初期対応を誤ると窓口に訪れた他の市民に危害が及ぶことも考えられます。そのため、課内においてもいざというときの行動指針を明確にしておく必要があります。

■明確でわかりやすい説明

手続や申請で相手の理解が伴わない際、窓口担当職員に求められるのは、冷静かつ明確

で　わかりやすい説明に徹することです。

激昂している相手と対峙すると、つい冷静さを欠き、意図などが伝わりにくい状況が生まれます。その際に大切なのは、行政用語や専門用語はできるだけ避け、相手が理解しやすい言葉で対応を続けることです。

その際に、受付などに手続きのフローを図や表で示してあると、相手に理解しやすい説明が可能になるでしょう。

■選択肢の提示

納得していただけない相手に対し、A案・B案など選択肢を提示して選んでもらうことも大切なことです。

1つの方法しかないということに憤っている相手に対し、他の選択肢を示してあげることは、気持ちを落ち着かせ、正常な対応に戻す機会をつくります。

■引き継ぐタイミング

窓口において押し問答が続き、相手が不当な要求や暴言を繰り返すなどしていると、担当職員だけで事態を収拾することができないケースも少なくありません。その場合は速やかに上司などに対応を引き継いでもらうようにします。

この場合、引継ぎのタイミングが重要です。そのタイミングについては次項でも詳しく説明します。

■記録をする

行政窓口の対応のみならず、どの業界においてもクレームやカスハラ発生時に大切なのは、状況を正確に記録することです。

トラブルの要因や経過については、相手との対応中に記録をとることは難しい場面も多いですが、極力、メモなどを携帯し、相手の要望や主張を記録しておくようにしましょう。

この際の記録が上司への引継ぎの際にも、正確に状況を共有するために重要な情報となります。

4　トラブル発生時の引継ぎについて

引継ぎの経緯を明示する

行政窓口においてトラブルが発生すると、その窓口で長時間、職員と来庁した市民が押し問答を繰り広げます。窓口を担当する課などで考えなければならないのは、一般的な店舗と行政窓口の違いです。それはお互いが利害関係者ではないという点です。

商店やレストランは商品や料理といった対価をお客様が支払う関係にあります。お互いに金銭という利害が発生していますが、行政窓口はその関係にあてはまりません。つまり、お互いの利害に対して主張がぶつかりあう関係ではないのです。

行政は市民へ公共サービスを提供し、市民はそれを享受する権利があります。市民は行政がサービスを提供するのは当然のことであり、それが自身の権利と認識しています。

当然、行政側に過度な期待をすることもあり、過剰な公平性を求めることもあります。利害がぶつかりあいながら、クレームがやがてカスハラに至るケースは商店や店舗でよくあるケースです。しかし、行政においては市民側が権利と過度な期待のもと、窓口に訪れ、最初から不当な要求や暴言を繰り返すということが起こりやすい環境にあるといえます。

そのような場合、窓口担当職員が単独で長時間を費やし相手と対峙することは、解決手法としてはあまり得策ではありません。カスハラの兆候が見えた段階で、課内の上司などに対応を引き継ぐことにより、他の市民が対応待ちで迷惑がかかるという事態を避けることができます。

では、この対応の引継ぎはどのような流れで行えばよいのでしょうか。次に、その手順を説明しましょう。

まず、『引継ぎの基準』を明確に定めることが先決です。たとえば、次のような状況にあれば担当職員は上司への対応引継ぎを速やかに行うようにするのがよいでしょう。ここで紹介するのはあくまで一般的な事象ですので、それぞれの窓口で過去に発生した例に基づいて定めていくようにしましょう。

・暴言や脅迫的な言動がある場合
・物理的な暴力や器物損壊の恐れがある場合
・長時間にわたり同じ要求を繰り返す場合
・担当者の権限を超える要求がある場合
・専門的な知識や判断が必要な場合

トラブル発生時の引継ぎ事項

引継ぎを行う際に担当職員は上司などに情報も共有しなければなりません。その場合は次のような情報を簡潔にまとめて引き継ぎます。状況により口頭での共有になることもあるかと思いますが、できる限り、記録に残したものを共有するのが望ましいでしょう。

・事案の概要と経緯

・相手の要求内容
・対応内容と相手の反応・様子

このようにトラブル発生時の引継ぎを円滑に行う体制を整備しておくことは、来庁している他の市民への悪影響を最小限に留めることにつながります。窓口を長時間使えない状況になれば、手続や申請で来庁した他の市民も次第にいらだちを覚えます。それが他のクレームやカスハラを誘発することも考えられるのです。

そして、なによりも当事者となった担当職員の精神的な負荷も抑えられます。クレームやカスハラ対応は当事者の肉体と精神の疲弊を招きます。長時間、1人で暴言を浴びせ続けられれば、その後の業務にも支障が出てもおかしくありません。そのような負のスパイラルを食い止めるためにも、この円滑な引継ぎは極めて重要な要素になるのです。

前出の引継ぎの基準などを担当職員が常に確認できる場所に掲示するなどして、組織全体で悪質なクレームやカスハラに即時に対応できる準備を整えておきましょう。

昔に比べて、行政窓口もホスピタリティ的な精神の高い職員が丁寧に対応するところが増えていることは事実です。現場職員の方々の頑張りが行政サービスの質向上には必須です。現場が疲弊し、行政サービスの低下を招かないよう、そして気持ちよく働く環境整備のためにも、上司も引継ぎのタイミングを気にかけるようにすることが求められます。

5　コミュニケーションスキルの向上

クレームの芽を摘むためには良好なコミュニケーションが必要

　昨今では一般企業と同様に、職員のコミュニケーションスキル向上に取り組む自治体も増えています。

　たとえば、東京都では「コミュニケーション能力向上研修」を実施し、これらの技術の習得を図っています。

　この背景には、すでに述べたように行政窓口などにおける多様性への配慮がより重視されてきている証左といえます。高齢者や外国人をはじめ、様々な立場の住民に対して、公共サービスへの理解を促進するという意味で、行政側も職員の対人コミュニケーションのスキル向上に取り組んでいます。

　コミュニケーションスキルの向上はサービスの質を高め住民への満足度を向上させることは間違いありません。そして、悪質なカスハラの防止に対しても非常に効果を発揮します。悪質なクレームやカスハラ行為の芽を摘むためには良好なコミュニケーションが不可欠です。

行政窓口などではどうしても機械的になりがちです。来庁する市民に対してまずは傾聴の姿勢が大切です。いわゆる「積極的傾聴」のコミュニケーションを図るよう心がけるとよいでしょう。

たとえば、相手との対話の中で次の行為を加えると、円滑なコミュニケーションが図りやすくなります。

・アイコンタクトを適切に保つ
・うなずきや相づちを適切に入れる
・オウム返しや要約を用いて理解を確認する

また、自分や相手の言葉のみに注意を払うだけでなく、表情や姿勢、声のトーンなどもコミュニケーションの重要な要素です。このような非言語コミュニケーションにも気を配ることも窓口対応には求められるでしょう。

次のような非言語コミュニケーションスキルはちょっとした気配りで実践することが可能です。

・穏やかで親切な表情を心がける
・相手に合わせた声の大きさやスピードで話す
・身振り手振りを交えて、言葉だけでなく相手に理解を促すこのように基本的なコミュニケーションスキルを職員全体に浸透させた上で、相手の立場を尊重しながら行政側の立場も明確に伝えるようにします。しかし、相手の話を受け入れるだけでは解決には至りません。

ここでは、代表的なコミュニケーションスキルの1つである「アサーティブコミュニケーション」を実践していくために必要な要素を紹介します。

・「私メッセージ」を使用し、自分の感情や考えを伝える
・相手の立場を尊重しつつ、組織としての立場も明確に伝える
・建設的な代替案を提示する
・必要に応じて断る勇気を持つ

公共サービスという性質上、窓口担当職員は市民から高圧的な態度で要求を受けることもあるでしょう。だからこそ、職員自身のコミュニケーションスキルを向上させていくことで悪質なクレームやカスハラへ至る可能性をできる限り小さく抑えていくことが大切です。実際にカスハラの兆候が見られる相手には毅然とした対応をとる必要があります。

普段からのコミュニケーションにおいてカスハラの発生を抑えながら、発生した場合は来庁する方々へ悪影響が及ばないよう迅速な対処を行う。課内や局内の職員がこの意識を共有できるよう日頃から対策を講じておくことがなによりも重要なのです。

6　行政におけるカスハラ対策について考える

カスハラ対策というと、多くの場合、一般企業や商店、飲食店で発生するイメージを持つ方が多いと思います。

しかし、本章でも紹介してきたように地域住民の多様化が進む現代においては、公共サービスを提供する自治体などもカスハラを深刻な社会問題と捉えています。来庁する住民が職員に対し、暴言や暴力行為に及ぶという事例は各地で発生しており、自治体側においても対策が喫緊の課題となっているのです。現在、多くの自治体でカスハラに対する方針を表明することが相次いでいます。

たとえば、札幌市では「札幌市職員カスタマーハラスメント対策方針」を公表しています。その中で基本的な対策として次の4項目を掲げています。

・カスタマーハラスメントに対する札幌市の基本姿勢の明確化、職員への周知・啓発
・職員のための相談対応体制の整備
・カスタマーハラスメントへの対応方法・手順の策定
・職員への教育・研修

福岡県においても２０２４年４月よりカスハラ対策を実施しています。実施にあたり同県が本庁や出先機関で発生したカスハラの実態を公表しています（調査期間：２０２０年４月から２０２３年６月）。

カスハラ発生件数は１６８件。最も多かったのは「時間拘束」、次いで「暴言」、「過度な要求」、「リピート」と続きます。

このような現状に対し、同県はカスハラ態様を「反復・時間的拘束型」「暴言・威嚇・脅迫型」「権威型」「ＳＮＳ・ネット等での誹謗中傷型」など種別化し、対策を講じています。この中で注目すべきは「カスタマーハラスメントへの組織的な対応」として明確に対応基準を示していることです。その一文を抜粋します。

「カスタマーハラスメントに該当する可能性がある場合には、係長等から課長補佐等へ報告し、課長補佐等がカスタマーハラスメントの該当性の判断を行い、該当する場合には、行為への警告や対応終了等を判断します。また、必要に応じ、所属長が退去命令を行います」

図表20の福岡県のカスハラ対策における組織的な対応は、非常に参考になります。カスハラの判断の基準と流れ、そしてカスハラと判断される場合、庁内や担当課内でどのような方々がどのような対応をとるのかが明確に記されています。

また、全国の自治体において職員の名札を苗字のみにする動きが広まっています。東京

〔図表 20　福岡市のカスハラの判断までの流れ〕

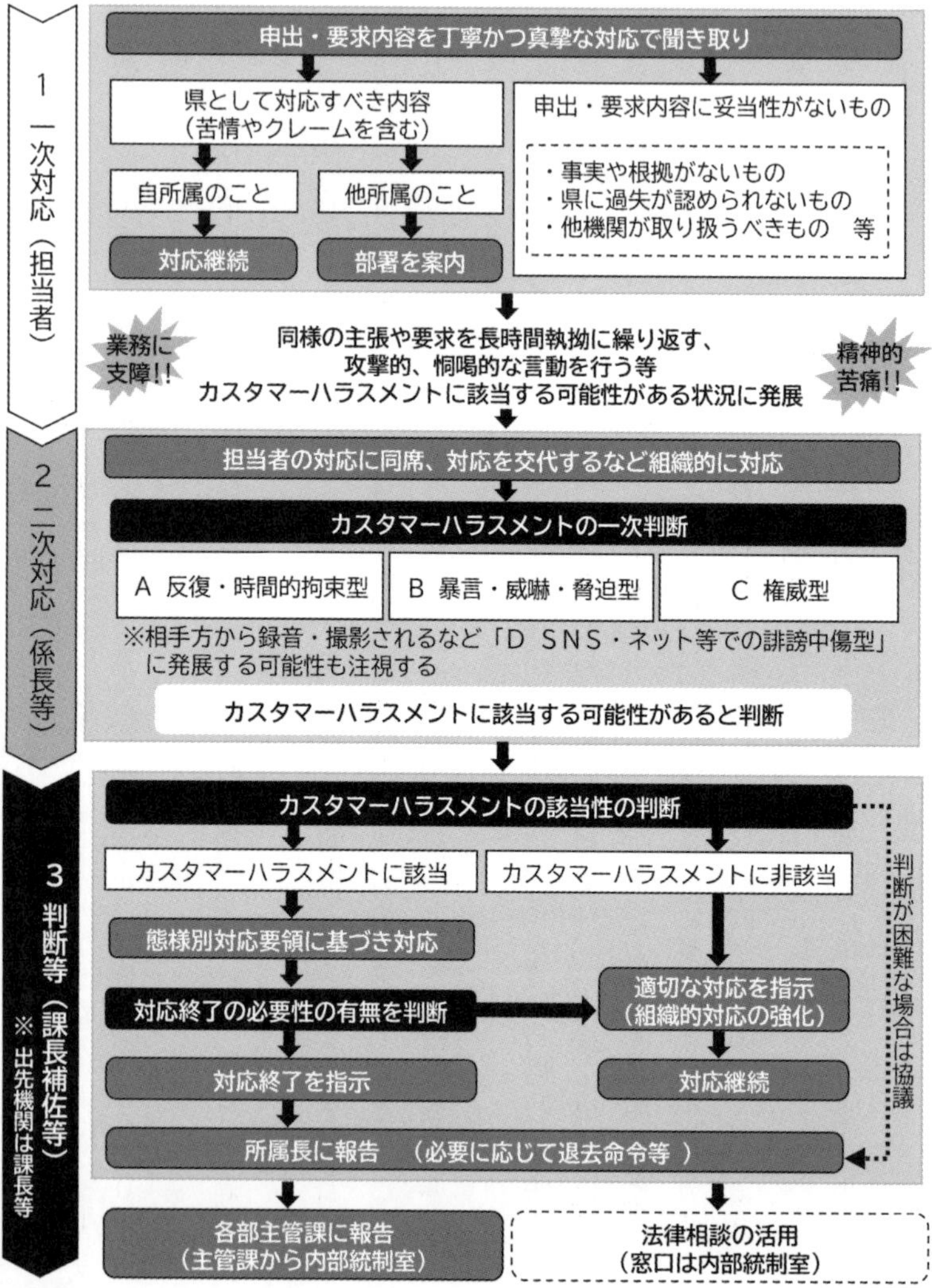

福岡県ホームページより引用

都においても港区をはじめとした複数の自治体で採用しており、長野県では２０２４年7月時点で19市のうち16市が苗字のみの名札へ変更しています。

この動きの背景には、来庁者とトラブルになった際に「名前を覚えた」「ネットに名前を公表する」などの脅迫行為に及ぶことが多いことにあります。トラブルの腹いせにSNS等で自治体職員などの氏名を投稿するという行為は、担当職員の恐怖を感じて安心して働くことができなくなります。

各自治体もこの点を配慮して、苗字のみ名札への切り替えを進めているのです。東京都小金井市の場合、苗字についてもひらがな表記として、さらに職員の個人情報の拡散を防止する対策を講じています。

このように自治体においてもカスハラへの対策は着実に広まっています。担当職員が安心して働ける環境を整備するのは民間企業も自治体も同様です。カスハラはいつ起こってもおかしくなく、自治体においては庁全体で検討を進めることと併せ、現場レベルで対策を進めていくことも大切です。

行政窓口を担当する職員を交え、現場の意見に基づき、小さな範囲からでも対策を講じていくスピード感が求められます。

コラム：顧客は何もわかっていない

「なぜクレームは発生するのか」との問いに答えるならば、顧客の企業への期待値のズレで生じているといえます。様々な情報が飛び交う現代で、顧客が自分に重要な情報を取捨選択して理解するのは至難の業です。つまり、誤解を恐れずに言えば、「顧客は何もわかっていない」のです。それが「行政サービス」などのような複雑な仕組みが伴う場合、まったく理解が及ばないことも想像がつきます。しかし、納税者である来庁者は、自ら正当性を当然のように主張するため行政の窓口に殺到します。そして、行政窓口の対応者の多くが、非正規職員や臨時職員である現実を考えると、対応者の心労は想像を超えるものと推測できます。

やはり、行政の現場においても民間事業者同様に顧客（来庁者）の心理を理解した上で、「顧客は何もわかっていない」前提で話を聞くことが事態の収束の第一歩といえるでしょう。もちろん、「商品・サービス」を提供する民間事業者とはシチュエーションや環境は異なります。しかし、悪質クレーム（グレーゾンクレーム）が発生した場合は、より早い段階でアラートを掲げ、複数人対応や個室での対処（録画できる部屋の確保）が対応職員や他の来庁者を守る王道の方策です。行政の現場におけるカスハラ対策も民間事業者と同等レベルの対処が求められる時代であることを認識すべきでしょう。

第7章：カスハラフリーな社会の実現に向けて

カスハラは大きな社会問題となりつつあります。企業や店側だけでなく、社会全体でカスハラについて取り組みを推し進めていく必要があります。

本章では、カスハラフリーな社会の実現に向けて必要なことやすでに進められている取り組みについて紹介します。

1　企業と顧客の意識を変えなければならない

企業と顧客は対等に信用関係を築く

日本では、過度な顧客第一主義や顧客目線のサービスが多くの企業で謳われてきたことで、売り手が買い手に媚びるような時代が長く続きました。顧客の中にはその環境に慣れてしまい、ややもするとお金を払えばなにをやってもいいという風潮や、いまだに「私は客だ。お客様は神様だろう」と言及する顧客がいるなど、過度な権利意識が少なからず存在します。

そのことで、販売の現場などでは、少しでも多くの顧客に自社の商品・サービスを購入してもらおう、使ってもらおうとして過剰なサービスをしてしまっていることもあります。しかし、考えてもらいたいのは、商業活動において買い手（顧客）と売り手（企業）は常に対等であることです。この原則を念頭においてクレームなどに対応していかなければなりません。

筆者は企業研修という場を通じて多くの方から、カスハラに関するご質問やご意見をいただきます。なかには、「今までお客様から侮辱や暴言を言われ続けたので、聞き流す、我慢するということが少なからず身についてしまっている」や「クレームを対応したあとは疲弊し、メンタルが折れてしまう。そんなときは仕事を辞めたくなったり、自己肯定感が下がってしまう…」などの声も聞かれ、やるせない気持ちになることも少なくありません。

現場において、日々の業務に真摯に向き合う社員やスタッフの姿は本当に頭が下がります。もちろん顧客を慮る必要はあるでしょう。また、顧客からの厳しい指摘や苦言も真摯に受けとめるには、ある程度の忍耐力は必要と考えます。

しかし、必要以上に肉体的、精神的な苦痛を感じながら、顧客からの心無い暴言に耳を傾ける必要はないのです。会社は商業活動をしています。顧客の迷惑行為に付き合う必要ないというのが筆者の考えです。

本書でも述べてきたように、グレーゾーンを含めたカスハラ客の対応でスタッフが疲弊し、現場が荒れます。貴重な人材がメンタル疾患を患い、離職を余儀なくされることは許してはならないのです。そのためにはクレーム対応をする会社だけでなく、顧客側の意識を変える必要があり、いまその時期が到来したといえます。

会社は顧客に対して、商品・サービスの提供（販売）を通して、商業活動をしていますが、その際に会社として（クレーム発生時に）顧客にできることと、できないことをしっかり伝えることを忘れてはなりません。

顧客は正当なクレームを言う権利がありますが、なんでもしてよいということにつながりません。会社側が自分たちの対応を明確に発信することで、顧客にも節度と配慮の意識を根づかせる必要があるのです。

逆に、会社側も「すべての顧客はカスハラの可能性がある」として、接客態度を横柄にしたり、正当なクレームをおざなりにするようでは本末転倒といえるでしょう。企業と顧客は対等な関係であることを明示し、商売の現場において信頼関係を構築できるよう心がけることこそが、これからの顧客満足度向上のあるべき姿といえます。

2 社会全体でのカスハラ意識向上

「見られている」と顧客に感じてもらうことが大切なポイント

カスハラに対する社会全体で意識を向上していくためにはどうすればよいでしょうか？企業と顧客の信頼関係構築が理想ですが、それでも悪質なカスハラは発生します。カスハラにより、対応するスタッフのみならず、周囲の方々も被害に遭う恐れすらあるのです。そのような事態を回避するためには、やはり、常に「見られている」という意識が持てるよう環境を変えていくしかないと思います。

たとえば、クレーム対応においては顧客との対応履歴（たとえば録音、録画などの証拠）を残すことが鉄則です。筆者がよく取材をする業界の1つにタクシー会社があります。ひと昔前は、タクシーの運転手に対して暴言を吐いたり、暴力をふるう顧客が絶えなかったと聞いていましたが、いまは劇的に減ったとのこと。その理由は、車内防犯カメラの設置にありました。乗車した顧客は、知らず知らずのうちに「カメラで撮られている」との意識を感じることで、行動が抑制されるわけです。

この見られているという意識を顧客側にも持ってもらうことはカスハラへの抑止力になります。店舗などの販売の現場においても、クレームで興奮した顧客をカメラのある別室に通して話を聞くと、徐々に怒りや不満が鎮静化していく例もあります。

コールセンターでも事前に「品質向上のためにこの通話を録音させていただきます」などのアナウンスを耳にするかと思います。この「他人に見られている」、「聞かれている」と顧客に感じてもらうことが大切なポイントです。

そして、もう1つ考えなければならないのがコミュニティーの崩壊です。カスハラ問題が台頭してきた背景をみると、コロナ禍以降コミュニティーの崩壊が進んでいることが1つの要因であると考えられています。近所付き合いも希薄な上に、対面でのコミュニケーションも減少しています。そこにコロナが発生し、人との直接的な関わりが薄れました。近所の目や世間体を気にする機会も少なくなり、一線を越える行動に出てしまうケースも出てくるのでしょう。

だからといって、そのことを社会現象として片づけてしまえば、現場で対応するスタッフの肉体も精神も壊し続けます。

かつては「お天道様が見ている」という表現をよく使うことがありました。空の上から神様は常に見ており、どのような善行・悪行もお見通しということです。現代ではほとんど聞かれなくなった言葉ですが、日本人は本来そのような道徳感を持っているはずです。私はこの道徳観を社会にもう1度根づかせることが必要だと思います。

しかし、自然発生的にそのことを期待するわけではありません。だからこそ、「誰かに見られている、聞かれている」という環境をあえて社会がつくりだしていく必要があると考えているのです。

筆者は監視社会を構築したくてこのような話をしているのではありません。しかし、カスハラ被害で苦しんでいる人が数多く存在します。時代も変わり、社会のあり方も大きく変化する中で、お互いが安心して社会生活を送れる環境を構築するために企業も顧客も何かを犠牲にすべきではないでしょうか。

3　業界団体によるガイドラインの策定の意義と普及

業界全体で取り組む効果は大きい

自治体では東京都や北海道において「いわゆるカスハラ条例」が成立し、施行が目前となっています。大企業を中心に自社のカスハラ方針を社外に公表している企業が増えて、個別企業ごとのガイドラインの策定も着手しはじめていますが、カスハラの形態は社会情勢や技術の進歩とともに変化するため、ガイドラインも適宜見直す必要があります。

大手企業に比べてリソースの少ない中小企業にはガイドラインの策定だけでなく、マニュアルの更新を含めた支援体制の構築を業界団体が担うことになるのではないかと考えます。

業界ごとの特性に応じたガイドラインの策定と普及は、中小企業がカスハラ対策を効果的に実施する上で大きな助けとなるばかりではなく、業界をあげた消費者教育や啓蒙活動を行うことで、業界への社会の見方がかわり、業界イメージの向上も図れます。業界団体によるガイドラインの策定の意義は次の通りになります。

・業界特有の課題に対応した具体的な指針を提供できること

・業界全体でのカスハラ対策の底上げが期待できること
・中小企業を含めた幅広い企業への支援が可能となること

業界団体のガイドライン策定の動き

業界団体のガイドライン策定の事例を紹介します。

日本菓子ＢＢ（ベター・ビジネス）協会は過去の過剰な対応をしていた慣習を改めて、不当な要求を繰り返す顧客には毅然とした対応で臨む方針を会員企業へ明示しています。具体的には２０１７年に「現品の提示のない顧客には対応しない」という統一ルールをつくり、２０２２年には「同様のやり取りが3回繰り返されたら対応を打ち切ってよい」とのガイドラインをまとめています。

全国携帯電話販売代理店協会では、２０１９年11月にスタッフアンケートの結果を発表し、キャリアショップでのカスハラの実態を公表したのをはじめとして、「対応に関するガイドライン」策定や「悪質クレーム防止ポスター」の制作を行い、統一的な対処方法について会員の携帯電話ショップへ展開を図っています。また各携帯キャリアと協議を重ね、企業間を横断したプロジェクトにも着手して対策を打っています。

日本フランチャイズチェーン協会では、カスハラの対象となる行為を記載した「カスタマーハラスメント防止ポスター」を作成し、会員企業への店頭等に掲示を促しており、同協会はポスターを通じて、店舗のスタッフが安心して働ける環境を整備することや、顧客が安全・安心して店舗を利用できることを目指しています。

イオングループの商業施設に出店する企業の組織団体であるイオン同友店会は、会員企業からの要望をまとめ、カスハラ対策に乗り出しています。カスハラの定義や初期対応のフロー、ロールプレイング演習を含む動画研修を導入し、スタッフの理解を深めることを目指しています。同会は先行事例が少ない中で作成に苦労したようですが、会員企業からは「動画を社内研修として活用し、大変役立っている」「内容が大変わかりやすい」といった評価があり、これら前向きな意見を踏まえ、今後は、さらに対応に注意を要する飲食店向けのカスハラ研修動画の作成を進めていく予定です。

業界団体によるガイドラインの策定と普及は、小規模で担当者が１人で対応している企業も多いことからカスハラ対策の要となる取り組みです。各企業は業界団体のガイドラインを積極的に活用し、必要に応じて自社の状況に合わせてカスタマイズすることが可能です。業界団体の開催するセミナーや研修会に参加し、最新の情報や他社の取り組み事例を学ぶこともできるでしょう。

カスハラ対策は、一朝一夕には解決できない課題ですが、業界全体で取り組むことで、その効果は大きなものとなります。

4 多様性尊重とカスハラ防止の関連性

多様性に配慮した対応が必要

現代社会において、多様性の尊重とカスハラの防止は密接に関連しています。多様性を尊重する社会では、年齢、性別、国籍、文化的背景などの違いを認め合い、互いの価値観を尊重します。

まず、高齢者と外国人に焦点を当てると、その関連性がより明確になります。高齢化が進む日本社会では、高齢者への対応が現場対応において重要性が増しています。高齢者の中には、新しい技術やサービスに不慣れな方も多く、対応に時間がかかることがあります。

このような状況で、スタッフが焦りや苛立ちを表に出してしまうと、それがカスハラにつながる可能性があるのです。

また、グローバル化が進む中で、外国人顧客への対応も増加しています。観光客だけでなく、就労目的で多くの外国人が各地域に居住する時代です。言語や文化の違いから、コミュニケーションに齟齬が生じやすく、それがカスハラの原因となることがあります。言葉の問題だけでなく、母国の文化との違いに戸惑い、それがカスハラ的行動に発展することも少なくありません。

このような時代背景において、企業に求められるのは、適切なコミュニケーション技術と補完するツールの活用です。たとえば、高齢者に対しては、ゆっくりと丁寧に説明を行い、必要に応じて家族や介護者の協力を得るなど、個々の状況に応じた柔軟な対応が求められます。外国人に対しては、翻訳ツールの活用や文化的背景を考慮したコミュニケーションが必要になるでしょう。

企業だけでなく行政の現場においても、このような多様性への対応は喫緊の課題となっており、研修やガイドラインの策定などにより、スタッフが迷うことなく対応できる体制を整備することが急務となっています。

実はこうした多様性の配慮は顧客対応だけではありません。高齢者や外国人がスタッフ側として顧客と対応する場面も増えています。労働力不足が深刻な日本は、高齢者スタッフや外国人アルバイトが珍しい光景ではなくなりました。その中で、企業側は多様なスタッフを管理し、さらにカスハラ対策を講じていかなくてはなりません。

多様性への配慮は企業の社会的責任ともいえます。このように説明すると上場企業や大手企業が対象に聞こえるかもしれません。しかし、地域社会を構成する飲食店や小売店もその社会的責任を担う一員です。企業の規模ではなく、カスハラ対策を通して地域社会のあり方を見つめ直す機会と捉えることが大切です。

5 法整備とその適用例の紹介

カスハラ対策が大きな効果をもたらす

カスハラに関する法整備は、近年急速に進展しています。2019年5月29日に「女性の職業生活における活躍の推進に関する法律等の一部を改正する法律」が成立し、2020年6月1日から施行されました。この法改正により、顧客等からの著しい迷惑行為に関して、事業主に対して雇用管理上の措置を講じることが義務づけられました。

この法改正の背景には、サービス業を中心に顧客からの暴言や暴力、セクハラ行為などが深刻化していたことがあります。厚生労働省の「令和元年度・職場のハラスメントに関する実態調査」によると、過去3年間にカスハラを受けたことがある労働者は11・9%に上ります。特に、小売業や飲食サービス業などの対人サービス業で高い割合を占めています。

法改正後の具体的な適用例として、ある小売チェーンの事例が挙げられます。この企業では、店舗スタッフに対する顧客からの暴言や威圧的な態度が問題となっていました。法改正を受けて、同社は次の対策を講じました。これらの対策により、カスハラ事案の報告件数が導入前と比較して約30％減少したと報告されています。

・カスハラ対応マニュアルの作成と従業員への周知徹底
・顧客向けの啓発ポスターの店舗内掲示
・従業員向けのカスハラ対応研修の実施
・カスハラ被害報告システムの構築
・警察や弁護士との連携体制の整備

また、別の事例として、あるコールセンター業務を行う企業では、オペレーターに対する顧客からの執拗な電話や、性的な発言が問題となっていました。法改正を機に次のような対策を実施しました。これらの対策により、オペレーターの離職率が20％低下し、顧客満足度も向上したと報告されています。

・カスハラ行為を行う顧客に対する警告システムの導入
・録音された通話の定期的なモニタリングと分析
・オペレーターのメンタルヘルスケア体制の強化
・カスハラ対応専門チームの設置

懸念される中小企業の遅れ

しかし、法整備が進んだ一方で、課題も残されています。たとえば、中小企業におけるカスハラ対策の遅れです。厚生労働省の「令和2年度・中小企業の労働者に対する労働条件等の実態調査」によると、カスハラ防止に関する社内規定を設けている中小企業は全体の23・7%にとどまっています。

また、オンラインにおけるカスハラ対策も課題となっています。SNSやECサイトでの顧客とのやり取りにおいて、匿名性を悪用した悪質な行為が増加しています。これらに対応するため、デジタルプラットフォーム事業者との連携や、新たな法規制の検討が進められています。

カスハラ対策は、単に法令順守の問題だけでなく、労働環境改善や顧客サービスの質の向上にもつながる重要な経営課題です。企業は、最新の法改正や事例を常に把握し、自社の状況に応じた効果的な対策を講じていく必要があります。

次のような裁判事例などを参考にしながら、自社でも起こりうる可能性を勘案し、対策に役立ててください。

■スーパーマーケットに対する損害賠償請求事件（東京地裁）

あるスーパーで、棚の整理をしていた店員の音が気になるという理由で、顧客がクレームを入れました。責任者が対応することになりましたが、顧客は自身のタブレットで撮影し始めた。対応した責任者は数回にわたり警告（店内は撮影禁止）したにもかかわらず、顧客は撮影を中止には応じなかったとのこと。その際に対応者が「営業妨害だ」「あなたは嘲笑の的になっている」と発言したため、顧客は精神的苦痛を受けたとして店を提訴（慰謝料請求）しました。

裁判の結果、店は顧客に対して5万円の慰謝料を支払うことになりました。焦点は、責任者（対応者）の「嘲笑の的だ」という発言です。今回は「営業妨害」という発言については、店舗の正常な運営を守るためのもので違法とは判断されなかったのですが、それに続く「嘲笑の的だ」という言葉は社会通念上許容される範囲を超えていると判断されたようです。

しかしながら、本件は顧客が全面的に勝訴したとは言えない結果でした。当初、顧客は損害賠償（165万円）と店舗内での謝罪広告掲載を求めていましたが、最終的には5万円の損害賠償に留まる形となっています。これは店側もカスハラ客に対して節度と配慮が必要なことを示している。

著者略歴

鈴木 タカノリ（すずき　たかのり）

ジャイロ総合コンサルティング（株）コンサルタント
経営管理修士（MBA）
公益社団法人消費者関連専門家会議 (ACAP) 会員

経営管理修士（MBA）。KDDI にてマーケティング、アプリ開発、販売店営業、営業企画を経験。クレーム対応のまとめ役として活躍し、「お詫び文」作成のスペシャリストとして社内外から高評価を獲得。KDDI 在籍時、研修業務を通じて延べ 500 人以上のスタッフ育成に携わる。研修実施店舗では、年間 20 件の重篤クレーム発生を翌期からゼロに削減。4 桁を超える消費生活センター等の行政クレームの問題解決に関与。
現在、カスタマーハラスメント対策セミナー、顧客対応スキルセミナーを主宰。民間事業会社や全国の商工会議所・商工会連合会にて講師活動を積極的に行っている。企業不祥事発生の究明などコンプライアンス関連の論文も多数執筆。実務経験と学術知識を融合させた独自の視点で指導を行う。
著書として『お店とお客のためのシン・カスハラ対策』（セルバ出版）の執筆協力も務めている。

飲食店・小売店・コールセンター・行政窓口必携！

クレーム対応・カスハラ対策マニュアル作成のコツ

2025年 1 月20日　初版発行

著　者　鈴木　タカノリ　© Takanori Suzuki

発行人　森　忠順

発行所　株式会社 セルバ出版
〒 113-0034
東京都文京区湯島 1 丁目 12 番 6 号 高関ビル 5 B
☎ 03（5812）1178　FAX 03（5812）1188
https://seluba.co.jp/

発　売　株式会社 三省堂書店／創英社
〒 101-0051
東京都千代田区神田神保町 1 丁目 1 番地
☎ 03（3291）2295　FAX 03（3292）7687

印刷・製本　株式会社 丸井工文社

Printed in JAPAN
ISBN978-4-86367-942-9